문예신서
254

영화에 대하여

스티븐 멀할

이영주 옮김

東 文 選

영화에 대하여

Stephen Mulhall
ON FILM

This edition was published by arrangement
with Taylor & Francis Books Ltd., London
through Korea Copyright Center, Seoul

머리말

지난 20여년 간 제작된 영화들 중에서 네 편의 '에이리언' 시리즈[《에이리언》(1979), 《에이리언 2》(1986)〔원제는 《에이리언들 Aliens》이나 우리 나라에서는 《에이리언 2》라는 제목으로 개봉되었으므로 이후로는 《에이리언 2》로 명명함: 역주〕, 《에이리언 3》(1992), 《에이리언 4: 에이리언의 부활》(1997)]만큼 대중적인 성공과 비평가들의 호평을 동시에 얻은 영화는 거의 없다. 그 작품들은 적의에 찬 에이리언 종(種)의 확산으로 자신과 동료들, 그리고 인류에게 부과된 위협에 맞서는 엘렌 리플리 공군 대위(시고니 위버)에게 초점을 맞춘다. 그러나 이 말은 그 작품들 특유의 평이함과 힘의 효율적인 사용을 포착하는 일을 착수조차 못한다——리플리의 절망적이나 굴하지 않는 용기를 구현한 위버의 카리스마적인 힘, 공상적인 의미의 멀어지는 지평을 드러내는 혼란스러운 사회적 특수성을 벗겨낸 에이리언의 세계 자체는 물론이고 에이리언들의 괴기스러운 상위감을. 지금 보면 그 지평들을 탐험하고 그로써 적에 대한 리플리 내부의 혐오감이 갖는 의미를 충분히 드러내기 위해서는 한 편 이상의 영화가 될 것은 애초부터 자명했다.

그러나 영화에 관한 철학 서적에서 이 시리즈에 초점을 맞추기로 정한 데는 물론 좀더 분명한 이유——그것들이 묘사하는 에이리언 세계의 기초가 되는 논리라 부를 수 있는 것과 관계된 이유——가 있다. 이 영화들은 인간의 정체성——개개인 본연의 모습에 대한 과거 또는 현재의 괴로운 의문과 그것과 육체와의 관계, 성 차이, 본성——과 서로 밀접히 관계된 다양한 불안감에 열중하고, 심지어는 사로잡혀 있다. 자연계에서의 내 위치는 정확히 어디인가? 기술을 개발하는 인간의 (타고난) 능력은 자연계로부터 우리를 어디까지 소외시킬 것인가? 나는 내 육체인가(아니면 육체 속에 있는가)? 내 성별은 나를 얼마나 명확하게 정의하는가? 내 육체는 나를 얼마나 취약하게 하는가? 유성 생식이 내 본래의 모습에 위협이 되는가, 그리고 만약 그렇다면 그 위협의 실체와 성격은 나의 성별에 따라 좌우되는가? 이것이 자체의 생식 주기를 촉진시키는 데에 인류를 연루시키고, 그로써 인간 주인공들이 자기들 존재가 갖는 혈육의 기본 원리와 맞닥뜨리게 하는, 그 시리즈의 에이리언 종의 원개념으로부터 거의 수학적으로 적확하게 모습을 드러내는 주제들이다. 이 문제——이를 인간의 정체성과 구현의 관계라 하자——는 데카르트 이후의 근대에 철학적 성찰의 중심이 되어 온 것이다. 그러나 철학자들에게 낯익은 여러 관련 문제들과 더불어 이 영화들이 그 문제를 전개하고 발전시키는 정교함과 자기 인식은 이 지적 논쟁에 진정으로 기여하는 것으로 받아들이게 한다. 다시 말해서 나는 이들 영화가 철학자들이 적절히 발전시킨 관점과 논쟁을 통속적이고 솜씨 좋게 예증한다고 보지 않는다. 나는 오히려 그것들이 몸소 그런 관점과 논증을 숙고하고 평가하는 것으로, 바로 철학자들과 같은 방법으로 그것들에 대해서 진지하고 조리정연하게 생각하는 것으로 본다. 그같은 영화는 철학의 소재도 아니고, 철학을 장식하기 위한 전거도 아니다. 그것들은 철학의 실행, 곧 행동중인 철학——철학적으로 연구하고 있는 영화이다.

더욱이 인간 정체성의 구체적인 근거에 관한 '에이리언' 시리즈의 관심은 영화 그 자체의 조건들에 관해 상호 연계된 많은 의문들을 냉정하게 제기한다. 매체 그 자체가 인간을 사진으로 재생(또는 좀더 좋게 말해서 녹화)한 것, 즉 카메라에 나타난 구체적으로 표현된 인간 개개인의 움직이는 화상의 영사에 의존하기 때문이다. 어떤 의미에서, 기분상 이 현상은 아주 진부해 보일 수 있다. 어떤 의미에서는 아주 신비해 보일 수도 있다——인간이 그림으로 묘사될 수 있다거나, 종이 위의 잉크 자국들이 생각을 표현할 수 있다는 사실만큼이나 매혹적으로. 특정인의 얼굴을 스타로 바꾸는 (또는 바꾸는 데 실패하는) 예측할 수는 없으나 부인할 수도 없는 능력을 갖는 영화의 영사는, 우리 자신 같은 구체적인 창조물들에게 필요한 가능성의 하나라고 말할 수 있을는지도 모른다. 그리고 우리는 사진 녹음의 특성 그 자체에 대한 이해가 없는, 따라서 영화에 대해 이것저것 무엇이 어찌 되는가 이해하지도 않고 의존하는 것은 이해할 수가 없다.

영화 매체의 특성에 관한 이런 의문들은 아마도 우리가 읽는 영화에 관한 어떤 철학 서적도 예상할 수 있을 의문들일 것이다. 그것들은 철학자들이 '영화철학'을 언급할 때 일반적으로 언급하는 것들이다. 그리고 이 책은 과연 여러 곳에서 그런 의문들을 다루고 있음을 발견한다. 그러나 그것은 이 영화들 자체가 그런 의문들을 다루는 것을 발견하기 때문에 그러는 것이다. 인간을 구현하는 일에 대해 심사숙고하는 와중에 그런 심사숙고를 가능하게 만드는 것에 대해, 영화의 가능성을 위한 조건들에 대해 숙고하고 있는 스스로를 발견하기 때문이다. 다시 말하면, 이들 영화의 철학적 작업의 기본이 되는 부분은 영화철학으로 가장 잘 이해된다.

그러나 에이리언 시리즈는 개별 구성원들이 자기 자신의 가능성을 알기 위해 다른 조건들과 불가피하게 맞붙어 싸울 수밖에 없도록 만드는 방식으로 발전해 왔다. 우선 각 영화는 개별적으로 공포, 스릴러, 액션, 전쟁, 판타지 영화와 근접한 장르와 얼마간 강한 유대를 가진 채로 공상과학 영화 장르 안에 다소 불안하게 자리를 잡는다. 그리고 비록 각각의 영화는 독립적이고 자족적으로 간주될 수 있을지라도, 따라서 그 고유의 방식으로 이해 될 수 있을지라도 계속 이어지는 각 영화는 또한 앞선 영화와의 관계를 분명히 의식하는 속에서 창조되었다. 그런 까닭에 시리즈 내의 새로운 각 에피소드가 갖는 독특한 특징은 부분적으로 주제와 서사를 계승함으로 인해 점점 더 복잡한 성격을 갖는 결과를 낳는다. 그러나 원래 그것은 각 에피소드마다 새로운 감독을 찾고, 영화계에서 확증된 경력보다는 되도록이면 커다란 잠재력을 갖고 있는 감독을 찾으려고 하는 시리즈 프로듀서들(고든 캐럴, 데이비드 킬러, 그리고 월터 힐) 쪽의 방침에서 유래한다. 아직까지 그 시리즈는 인재들을 써왔으며, 리들리 스콧 · 제임스 카메론 · 데이비드 핀처 · 장 피에르 주네에게 명성을 안겨 주거나 그들의 명성을 확고히 하는 데 도움을 주었다. 그러므로 각 에피소드는 영화계에서 매우 영향력 있고 갈채받는 성공의 길로 들어서는 단계로 볼 수 있고, 《블레이드 러너》《터미네이터》《터미네이터 2》《세븐》《델리카트슨 사람들》, 그리고 《잃어버린 아이들의 도시》 같은 독창적이고 중요한 가치가 있는 영화와 내부적으로 관련된다고 볼 수 있다.

이런 독특한 관련 상황은 '에이리언' 시리즈에 대해 정밀히 연구함으로써 첫째, 할리우드에서의 일반적인 영화 제작 사정(말하자면 유럽이나 독립 영역에서의 사정과 대립되게)이 예술적 탁월함을 달성하는 데 도움을 줄 뿐 아니라 방해도 될 수 있음을 검토하게 해줄 것이다. 여기에서, 앞으로 살펴볼 장에서 등장하는 것은 만약 우리가 이미 그렇게 하지 않았다면, 예술적 탁월함은 할리우드의 상황에서는 가장 장래성 없는 것들에서조차 얻기 어려울 수밖에 없다는 편견(영화에 대한 진심에서 우러난 배려를 그저 무력화시킬 뿐인 생각)을 넘어설 수 있으며 넘어서야 함을 확증할 것이다. 둘째, 그같은 연구는 또한 속편 제작——마치 미국의 상업 영화가 1930년대와 1940년대의 그 가장 영향력 있는 초기 형태의 하나로 되돌아간 듯하나 훨씬 더 자의식이 강한(때로는 진지하고 때로는 그저 자원 개발의) 방식으로 지난 10여 년에 걸쳐 할리우드에서 우세한 듯 보였던 영화 만들기의 한 방식——의 조건을 조사하게 한다. 여기에서 중요 쟁점은 '독점 판매권'이 특정한 서사의 세계에서 특정한 무리의 등장 인물들을 물려받는 일에 연루된 것——그 계승물(한 사람의 철학자로서 내가 계승물의 논리라 부르고 싶은 것)에 내재하는 구속 및 기회에 대해 얼마간 숨김없이 숙고함으로써 시간을 넘어 자신을 갱신하는 방법이다.

이 시리즈를 연구하는 세번째 이유는 시리즈를 구성하는 개별 작품들이 특별히 재능을 갖춘 감독의 일련의 작품들 중 독립된 영화이기도 하다는 것이다. 그런 영화는 각각 감독의 재능 및 예술적 통찰과 에이리언의 세계에 고유한 서사 및 주제의 잠재력이 교차하는 지점으로 연구될 수 있다. 동시에 각 영화는 마치 각자 상호간의 강한 약속에 의해서 생겨난 상호 보완과 대조를 넘나들며 자신을 보다 자신답게 만드는 듯, 그 감독과 그 세계의 정체성과 개성을 더욱 드러낸다. 이런 식으로 영화감독을 그 창조자로 이야기하고자 하는, 그리하여 어떤 영화감독의 전 작품이 특정한 주제의 예술적 통일성을 갖고 있는 것으로 간주하려는 (혼란을 낳을 수도, 통찰을 가져올 수도 있는) 우리의 욕망에 의해 전반적인 의미를 이해하는 데에 상당한 진전을 보일 수 있을지도 모른다.

그렇다면 만약 이들 영화의 개별 내용을 이루는 구성과 등장 인물이 속편으로서의 고유한 지위와 여기에서 유래한 계승 및 독창성의 문제와 상호 연관된 관계를 갖고 발전된 것으로 생각될 수 있다면, 전반적으로 그 시리즈는 그것만의 가능성에 대해 반추함으로써 진보했다고 말할 수 있을 것이다. 이런 사상은 특히 모더니즘 계열——그 고유의 역사(인습과 기술, 자원의 계승)가 간단히 처리해 버릴 수 없는 문제가 되는, 그것이 단순히 받아들일 수도 단순히 거부할 수도 없는 무엇인가가 되는——의 기교를 필요로 한다고 생각할 수 있다. 그러나 자체의 발전 가능성에 대한 조건을 반추함으로써 진보가 이루어지는 것은 참으로 엄격한 철학이라면 계속해서 행해야만 하는 행동으로 열망될 정도로 훌륭한 특성이다. 그런 심사숙고를 게을리 한 어떤 철학도 그것이 관계할 것으로 기대하는 모든 분야를 떠맡기를 바라지 못할 것이다. 그러므로 우리는 '에이리언' 시리즈를 모더니즘 영화의 모범 사례로 생각하는 것은 물론, 또한 그것을 철학적 조건 속에서 그 자신을 찾는 영화——철학으로서의 영화——의 본보기로 간주할 수 있을 것이다.

나 스스로 그 안에 마침 훌륭한 철학이 담긴 어떤 영화에 관한 책을 썼다기보다 영화에 관한 철학책을 쓴 것으로 간주하는 것은, 이들 영화가 이런 식으로——철학적으로 사색하는 영화인 동시에 영화에 관한 철학이고 철학 상태에 있는 영화로——생각될 수 있다고 믿기 때문이다. 그리고 다음에 올 장들에서 토론에 부칠 영화들을 그 장들을 쓸 준비를 하는 동안 우연히 발견한 영화이론가들 대부분의 작업과 근본적으로 다른 방식으로 보도록 나를 이끄는 것은 바로 방금 말한 이 믿음이다. 그 준비 과정에서 그런 이론가들은 그들이 논하는 영화를 (다른 곳, 즉 정신분석이나 정치 이론 같은 영역에서 비롯된) 특별한 이론 체계를 적용할 수 있는 대상으로 취급하는 강한 경향을 드러내는 것으로 이해되었다. 이들 토론 중 가장 유용한 것들조차도 일반적으로 관련 이론에 대한 장황한 설명으로 시작해 끝에 가서야 구체적인 영화를, 그것도 다만 그 구체적인 특징들이 그 이론의 진실을 예증하는 데 도움이 되는 문화적 산물로——그 이론이 이해할 수 있게 만든 또 하나의 현상으로——조사할 것이다. 물론 나는 영화의 힘과 재미를 이해하게 되는 일과 관련해 그들이 찾아낸 어떤 지적 자원이든 이용하는 사람들에게 아무런 이의도 없다——나 자신도 앞으로 올 장 여기저기에서 그렇게 하고 있을 것이다.[1] 그러나 내가 만난 접근법들은 내가 보기에 영화 자체가 영화에 대한 우리의 이해에 기여할 무언가를 가질 수 있다는——그것들 자신에 대한, 그것들이 지금과 같은 이유에 대한 상세한 설명을, 이들 예정된 이론의 본문이 그들 이론에 기여할 뿐만 아닌라 심지어는 그것들을 비판적으로 평가하는 데, 당면한 문제에 정확성을 부여하거나 그것을 총망라하는 데 도움이 될 수 있는 쟁점들을 지적으로 천착하는 데에 기여할 수 있는 설명을 담고 있을 수도 있다는——어떤 의식이 부족한 듯했다.

요컨대 내가 조우했던 영화 이론은 이론가가 이미 언명한 이론적 장치의 진실을 영화에서 그저 한번 더 확인하려는 경향이 있다. 영화 자체는 그것으로 우리가 만들고자 하는 것이 무엇인지 말하지 않는다. 그 자체의 반응이나 이해에 관한 이야기에서 아무런 목소리도 내지 않는다. 구체적인 영화들을 정밀히 읽음으로써 이 책이 영화에 관한 의문들에 접근하는 이유 중 하나는 엄밀히 이 질문을 하려는 것이다. 사실상 그런 영화가 그 믿음을 확인하는 것처럼 일반 이론에 대한 우리의 앞선 믿음에 의문을 부여할 수 있음을 제안하려는 것이다. 물론 이것은 영화가 그 주제, 그리고 그 자체——그 영화들이 철학적으로 설명할 수 있는 것—— 에 대해서 체계적이고 정교한 사고에 끌어들이는 것으로 보여질 수 있음을 말하는 또 다른 방법일 뿐이다.

이들 영화, 즉 대중적인 상업 장르에 속하는 이들 수지맞는 할리우드 독점 판매권의 산물에 대해 그런 주장을 되풀이하는 일은 우리가 기대하지 않는 곳에서 철학자가 철학적으로 해석하는 일이 계속되고 있음을 발견하는 때면 드러날 것 같은 불안을 표면화할지도 모른다. 영화에 대한

---

1) 한눈에 알 수 있을 테지만 나의 영감의 주원천은 스탠리 카벨의 저서이다. 그의 책에는 《관람되는 세계》(Harvard University Press: Cambridge, Mass., 1979), 《행복의 추구》(Harvard University Press: Cambridge, Mass., 1981), 《눈물짜내기식 경쟁》(University of Chicago Press: Chicago, 1996)들이 있지만 그의 철학적 이해 범위는 훨씬 더 널리 미친다. 좀더 부차적인 전거들에는 니체·하이데거·비트겐슈타인이 포함된다.

그런 해석은 그저 지나친 해석의 문제, 거기에 전혀 없는 뜻으로 곡해하는 문제가 아닐까? 물론 그런 불안을 누그러뜨릴 일반적인 방법은 없다. 사실 어떤 영화에 대한 특정한 독법이란 그 영화 안에서 읽어내는 것과는 반대로 그 영화 속으로 읽어넣는 것이 아닌가 하는 점을, 주어진 영화에 대한 자기만의 평가와 대조하여 그 독법을 구체적으로 평가하는 일과 별개로 결정될 수 있는 것이 아니다. (그리고 그 역 또한 마찬가지이다.) 단지 철학자에게 흥미로운 문제들과 드잡이하고 있는 자신을 곧 발견하기 때문에 나의 읽기가 확대 해석임에 틀림없다고 생각하는 것은 확실히 영화의 지적인 힘에 대해 상당히 빈약한 생각을 갖고 있으며 인간 삶에 대해 철학적으로 관심을 갖는 문제들이 널리 퍼져 있음을 암시할 것이다.

그럼에도 불구하고 이 불안은 특히 이 영화들 특유의 무엇인가──(내 생각에 그 제작자들 중 하나인 월터 힐에 의해서 그들에게 유증(遺贈)된 방식으로) 그것들이 해석을, 그리고 일정한 종류의 해석을 요구하는 듯이 보이는 사실──를 정확히 나타낸다. '에이리언' 영화들은 시종일관 우리에게 무한한 우주에 대항해 아주 급조된 소규모의 고립된 인간 집단을 보여 준다. 각 개인의 우주 주거는 문화와 사회의 더한층 복잡한 뒤섞임, 즉 그들이 완수한 어떤 행동과 사건의 의미를 언제나 이미 결정하는 의미 체계들에 의해 중재되지 않는 듯이 보인다. 그들의 유일한 갑옷이나 외골격은 그저 그들의 생존에 필요한 최소한의 기술(광석 운반 선, 천체를 둘러싼 가스체 처리 시설, 폐기물 정련 장치나 은둔 군사/과학 연구소 그 어느것이건)일 뿐이다. 이 우주적 배경이 그 모든 것을 만들지만 형이상학적이나 존재론적인 면에서 영화의 서사와 주제의 구조를 파악하는 것을 피하기란 불가능하다──마치 에이리언의 세계가 인간 조건 그 자체(그 조건의 구체적인 변화, 주어진 인간 사회가 그 환경에 순응해 온, 또 순응한 특별한 방법, 즉 그 환경을 이해하는 개별적인 방법과는 대조적으로)와 관계하지 않을 수 없듯이.

　어쨌든 나의 학문적 경향이 나로 하여금 그렇게 기울게 함에 따라 형이
상학적으로 이해될 것을 필요로 하는 이들 영화에 맞추기로 결심하면서
도, 나 자신이 그런 식의 이해에 전적으로 찬성하는 것은 아니다(철학을
이해하는 것이 본질적으로 형이상학이라는 데에 찬성하더라도——말하자면
형이상학적인 것들을 진단·분석하거나 극복하려는 목적으로 철학을 생각하
는 것에 반대하듯). 나는 나 자신이 **영원한 빛 아래** 인간성을 묘사하기 위
해 고안된 이야기 속의 우주가 언제나 우리 자신과 우리의 상황을 이해
하는 특별하고 인간적인 방법을 구현할 것——주어진 어떠한 형이상학
이 문화적으로나 사회적으로 구체적이라는 것, 따라서 이들 영화의 형이
상학적 야심이 그 제작물의 특별한 역사적 환경과 어떻게 관련되는지 물
어봄으로써 많은 흥미가 유발될 수 있다는 것——이라는 사실을 간과(또
는 부정)한다고 여기지도 않는다.

　그러나 물론 그 관계들을 줄거리로 만들기로 선택하는 것은 관련된 형
이상학적 야망을 파악하는 일을 부정한다기보다 필요 조건으로 예상한
다. 게다가 오로지 그 형이상학적인 기록에만 초점을 맞추기로 결정하는
것은 내게 결코 다른 초점이 잘못 놓이거나 불필요한 관점에 말려들게
하지 않는다. 반대로 나는 그 시리즈의 저변에 깔린(그것을 형이상학이라
하자) 논리의 충분한 또는 완전한 독법을 제공하고자 시도하며, 그 논리
로 이 영화들이 성실하게 하나의 시리즈(각각의 작품은 그 전작에 의해 발
생되고 그 후속작을 발생시키는 것으로 보이는 순서로)를 만들어 내는 시종
일관한 시각을 유지할 작정이긴 하지만, 그 독법이 모든 것을 총망라하
고 있다거나 전문적인 것이라고——마치 그 타당성이 양자택일적인 읽
기나 읽는 법을 그것들의 개별적·집합적 정체성에 있어서의 또 다른 (형
이상학적이거나 형이상학적이 아닌) 종류의 일관성을 확인하려는 어떠한

요구를 무효화시킬 것을 필요로 하는 듯이——여기지는 않는다. 오히려 그러한 요구의 타당성은 다시 한 번 말하지만 영화 그 자체에 대한 우리의 구체적인 경험에 대한 그들의 태도를 명확히 평가하는 것에 의하여 결정된다. (그리고 그 역 또한 마찬가지이다.)

이 책이 은연중에 주장하는 것은 철학은 동시대의 대중 문화에서 매우 중요한 역할을 하는 특정한 영화와 영화의 매체에 관해 진행중인 대화에 기여하는 독특한 무엇인가를 갖고 있다는 것이다. 철학의 목소리는 영화 이론과 문화 연구의 음역과도 구별되는 특별한 음역을 갖고 있다. 하지만 그것을 들리게 함으로써 다른 목소리를 침묵하게 만들려는 욕망은 전혀 없다(그리고 그럴 필요도 없다).

이 작은 책의 전체적인 구조는 네 개의 장으로 되어 있다. 각 장은 '에이리언' 시리즈의 한 에피소드에 관한 것이지만 각각은 또한 그 에피소드의 감독에 의한 다른 작품——때로는 영화만, 때로는 그 이상으로——도 상세히 고찰한다. 첫 장은 내가 이해한 에이리언 세계의 기본 논리에 관해서 상당히 길게 밝힌다. 나머지 세 개의 장은 리들리 스콧을 추종하는 감독들을 위해서 그들이 초래하는 자극과 저항뿐 아니라 그들이 제기하는 예술적 문제와 가능성에 대해서 좀더 몰두한다. 《에이리언 4: 에이리언의 부활》을 다룬 제4장은 서언이자 결론 구실을 한다. 시리즈 내에서 이 에피소드는 그런 시리즈가 성공적으로 되풀이되고, 그래서 문제의 시리즈를 계속해서 더 내놓을 수 있는지에 대한 정도를 고찰하기 위해 대단히 고의적으로 고안된 한편, 동시에 그 속편의 잠재력이 그 이야기의 가능성을 고갈시키거나 끝맺으려고 하는 대단히 철저한 시도(예를 들어서 《에이리언 3》에서 같이)를 견뎌낼 수 있음을 암시하기 때문이다.

나는 이 시리즈에 많은 글을 기고하도록 권유한 시몬 크리츨리와 리처드 키르니, 많은 시간과 노력을 들일 만한 보람이 있는 출판 사업을 확장하고 지원하는 데 도움을 준 루틀리지 출판사의 토니 브루스, 원고 상태의 이 책 전체를 읽고 논평해 준 필립 월리와 알리슨 베이커, 그리고 루틀리지의 수많은 익명의 독자들에게도 감사하고 싶다. 그들의 반응 역시 본문을 개선시키는 데 도움이 되었다. 제1장에서 《블레이드 러너》에 바친 부분은 《영화와 철학》(제1권, 1991)에 처음 발표했던 논문을 대폭 수정한 것이다.

차 례

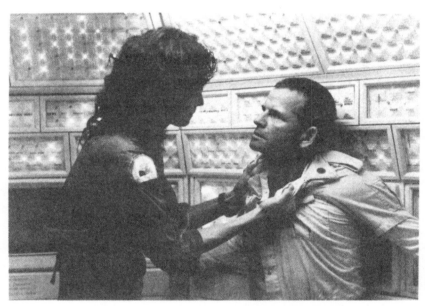

《에이리언》ⓒ 20세기 폭스사, 1979, 롤랜드 그랜트 기록보관소.

1

케인의 아들, 카인의 딸

리들리 스콧의 《에이리언》

산발적인 오프닝 크레디트 위로 카메라가 혹성 표면의 칠흑 같은 어둠을 가로지르며 후퇴해 행성의 황금 고리들 바깥 테까지로부터 그 고리들 반대쪽 테까지 서서히 움직이자, 천천히 등장하는 장면 속에 이 영화 제목이 수직으로 표시된다. 이렇게 그것은 바로 그 행성의 표면으로부터, 영화 제목이 된 외계 생물이 등장하는 장소로부터 나타나는 듯이 보인다. 그리고 그 구성 문자들 중 약간(전부 다 (거의) 수직으로 구성되지는 않은)은 오히려 넌지시 비추거나 연상시키기 때문에 명확히 판독되기보다 암시되어, 그 정확한 정체는 보는 사람이 상상 속에서 결정하도록 남겨진다. 마치 이 영화의 감독이 마지막까지 (그리고 어떤 점에서는 그 너머까지) 외계 생물 그 자체의 전체적인 외양과 정확한 성질을 분명히 표현하지 않은 채 남겨 놓을 것처럼. 그렇다면 아마 우리는 우리에게 그 이름의 시조가 되는 주인공만큼이나——우리 생각에 공상과학 영화나 공포 영화는 틀림없이 이러하다고 알고 있는 것으로부터 최대한으로 예측할 수 있는 만큼이나, 영화 매체 그것 나름으로 허용하거나 달성할 수 있는 것에 대해 우리가 현재 인식하는 것에 최대한 적응한 것만큼이나——이 영화의 정확한 성격이 이질적일 것으로 기대해야 할 것이다

그 다음, 카메라는 뒤쪽에 늘어선 (2천만 톤의 광석을 함유하고 있는)

반구형 지붕의 원기둥과 파이프 더미들로 된 산업적인 풍경으로 해서 아주 왜소해 보이는 중요한 지휘선을 탑재한 거대한 '노스트로모' 호가 접근하고 지나치는 것을 지켜본다. 우리는 우주선의 내부로 뚫고 들어간다. 카메라는 넓지도 답답하지도 않은 8각형의 복도를 드러내 보이고는 다른 복도와 만나는 교차점을 돌아 빠르게 훑어나간다. 그것은 서두르지 않고 공동 구역의 탁자를 가로질러 움직여 복도를 내려가서 모니터 화면들과 줄지어 늘어선 계기들로 어수선한 어떤 공간으로 간다. 움직임——보고서 초안의 펄럭임, 머리를 끄덕거리는 장난감 새——이 있지만 인간적인 의미가 결여된 기계적인 것이다. 그리고는 컴퓨터 화면 하나에 불이 켜지고 컴퓨터가 재잘재잘 지껄인다. 우리는 헬멧의 챙에서 반사된 기호들이 줄줄이 내려가는 것을 본다. 우주선이 이 한바탕의 활발한 움직임을 흡수해 반응하자 우리는 출입구로 나아간다. 출입문들이 열리면서 일으킨 바람에 코트가 펄럭이고 카메라가 우리를 데리고 눈부시게 흰 무균실로 가자, 각각 꽃잎처럼 중앙 회전축을 향한 유리 뚜껑이 덮인 관 모양의 늘어선 우주선들이 위압한다. 뚜껑이 올라가자 수많은 인간의 몸이 모습을 드러낸다. 죽 늘어선, 당당하나 유동적인 오버랩 화면 속에서 우리는 개중 하나가 일어나 앉아 호흡·맥박 따위의 생리적인 징후들을 관찰·기록하는 장치 다발을 제거하고는 일어서는 것을 본다. 그는 허리에 짧은 바지같이 간단한 천을 두르고 있으며, 방의 순백색과 더불어 용구들의 순백색이 우리가 인간 특유의 살색이라고 생각하는 따뜻하고 불그레한 분홍빛과는 거리가 먼 그의 창백한 피부를 두드러지게 한다. 눈을 감은 채 마치 마지못해 의식에 응하는 듯이 그가 자신의 얼굴을 문지른다. 그의 얼굴——아직 벗어나지 않은 어떤 고통의 흔적인 주름이 깊게 잡히고 지쳐 있는——은 곧 존 허트의 얼굴임을 알아볼 수 있다. 아마도 그의 이름은 영화의 오프닝 크레디트에 나타난 이름 중 가장 유명한 이름이었을 것이다. 우리는 마침내 우리가 이제 막 시작하려고 하는 영화의 중심 인물에 도달했다고 생각한다.

그런데 틀렸다(우리가 자넷 리의 역할을 《사이코》의 주인공으로 받아들이는 잘못을 범하는 것처럼). 그러나 우리는 이 서막에서 그 뒤에 올 것에 해당하는, (댄 오베논이 썼듯이) 이 감독과 그의 이야기 모두에 해당되는 많은 것들을 봤다. 느리고 침착하며 조심스러운 카메라의 움직임이 연출의 기본 흐름——우리가 드디어 보게 될 것은 우리의 관심을 투자할 가치가 있을 것이라는, 서두르지 않으나 지극히 자신에 찬 흐름을 안정시킨다. 우리는 또한 그의 무대 장치와 특수 효과, 심지어는 2001 전야제와 《스타워즈》에서의 스콧의 자신감 역시 볼 수 있다. 그것들은 인간 활동이 부재한 가운데 면밀한 조사를 견뎌내며, 그래서 마침내 인간 활동이 시작될 때 그 활동이 정상이거나 예사로움을 더욱 신뢰하도록 만들수 있다. 이것은 우주 기술과 항성 간의 여행에 관한 만화영화나 판타지가 아니다. 인간 미래의 실세계——그 티격태격하는 거주자들이 그들의 동료나 자기 자신들에게 거의 흥미를 불러일으키지 못하는, 사회적 위계질서와 급여 싸움에 관한 우리의 편애를 물려받았음이 곧 드러나는 세상에서 움직이고 있는 우주선이다.

이를 넘어서 사진기가 '노스트로모' 호의 텅 빈 공간을 서두르지 않고 찬찬히 살피는 것은 우주선의 침착한 자급자족성, 의식적인 인간의 통제가 철저히 결여된 상태로 항성 간의 거리를 안전하게 가로지르도록 스스로를 안내하는 능력을 두드러지게 한다. 이것은 인간과 인간의 과학 기술적 도구에 대한 우리의 상대적 의존 관계를 교묘히 굴절시킨다. 미확인 무선 표지 신호에 반응해 마침내 승무원들이 우주선의 동면 구획으로부터 모습을 드러내고 이 보통 때와는 다른 상황에서 우주선이 그들을 필요로 한다는 것은 보통 상황에서는 그들이 없어도 좋음을 강조할 뿐이다. 그들은 애완동물이나 기생 동식물의 한 종류인 양 우주선의 목적에 유용한 생명체로 보이며, 그들 자신의 목적과 운명의 의미는 그에 상응해 감소한다. 과연 서두에서의 행성과 우주선이, 앞으로 올 이야기의 모든 촬영지가 된다는 것과, 따라서 등장 인물과 이야기가 거기에 존재하기에 앞서, 그에 대한 우리의 참여나 지식을 넘어서 그 세계가 존속함을 설명하는 듯 우리에게 영화의 전 지역이 제시되었음을 우리가 깨닫게 될 때, 프롤로그는 인간의 관심이란 근본적으로 뒤늦고 상대적이라는 것, 인간이 관심을 갖는 것을 가능하게 만드는 우주 앞에서 그것들은 하찮은 것임을 강조한다.

그러나 무엇보다도 중요한 것은 승무원들이 의식을 되찾고 그들 자신의 이야기 속으로 등장하는 복잡한 방식이다. 허트의 의식이 깨어남을 나타내는 갑자기 소리를 죽인 사운드 트랙과 이어지는 오버랩 장면은 어느 면에서 그 의식으로 빠져나오는 방식을 모방하는 듯이 보인다. 마치 그가 꿈에서 깨어나고 있는 양, 그의 첫 지각이 그에게 그렇게 보이는 듯 어리둥절하고 혼란스럽다. 그러나 그것은 물론 꿈꾸기 시작하는 과정, 의식에서부터 악몽이 들어서는 지각 양식으로 바뀌어 가는 특징도 마찬가지로 잘 묘사할 것이다. 그리고 우리는 악몽 같은 풍경, 곧 그들의 다가오는 재난의 근원과 배경을 이미 보았다. 다른 면에서 승무원들은 일종의 재탄생을 경험하고 있는 듯하다.[1] 그들은 우주선 자체가 밀어낸 양 태어날 때처럼 거의 발가벗은 채로 꼬투리 속의 씨앗같이 나타난다. 그리고 눈부셔 하는 허트의 얼굴은 세상이 마치 생전 처음인 양 그의 감각

---

1) 바바라 크리드는 '에이리언과 괴물 같은 여성' (A. Kuhn(ed), 《에이리언 지대》(Verso: London, 1990),)에서 프롤로그의 이런 면을 주목한다. 그러나 그녀의 주장은 그 영화에 대한 나의 독법에서는 그 논리를 필수적으로 파악해야 할 필요가 없는 줄리아 크리스테바의 어떤 사상을 관통한다. 따라서 우리의 설명은 곧 갈라진다.

에 주는 충격을 기록한다. 그러나 그의 탯줄은 모니터 패드와의 연결선이고, 그의 창백한 몸은 과학 기술에 의해 만들어진 자궁이 갖는 불모의 백색과 겨우 구별될 뿐이며, 그의 생식기는 가려져 있다. 또 일상적인 지각 체험 조건을 전복시키며 줄곧 침묵의 사운드 트랙과 오버랩 속에서 이런 세부 사항들을 공개하는 것은 이제 현실이 꿈이 아니라 판타지로 치환되었음을 암시한다. 우리에게는 그 동물적 성격을 억누르는, 곧 육친으로부터 시끄럽고 고통스럽게 등장하는 인간이기보다 자동화된 기술의 작동으로 분만을 묘사하는——본질적으로 피와 상처와 성행위가 결여된——인간의 발생에 대한 영상이 제시되고 있다.

이 판타지는 감독에게서 비롯되는가, 등장 인물 자체에서 비롯되는가, 혹은 그들이 귀환하고 있는 사회에서 비롯되는가? 그것은 진심으로 성취되기를 바라는 것을 묘사하는가, 또는 (이 판타지의 실현을 악몽의 시작과 연결시킨 장면을 제시하여) 오히려 가공할 삶이란 그렇게 쉽게 피할 수 있는 것이 아님을 깨닫게 하려는 것인가? 어쨌든 그것은 막 '노스트로모' 호에 침투해 압도하려고 하는 악몽과 탯줄처럼 밀접하게 연결되어 있다.

에이리언의 생애

어떻게 《에이리언》이 천천히 그러나 확실하게 순수 공상과학 영화에서 공포 영화, 또는 그보다 대단히 독창적인 그 둘의 혼성물로 변형되는가? 왜 에이리언이——'노스트로모' 호의 승무원과 우리 마음속에——두려움과 공포뿐 아니라 전율도 불러일으키는가? 스탠리 카벨은 사람들이 세상에 반응하는 양상들을 식별함으로써 이를 식별하는 한 가지 방법을 제안했다.

  두려움은 위험하고, 공포는 폭력적이며, 그 폭력은 내가 행할 수도 있고 내게 행해질 수도 있는 것이다. 나는 천둥에 공포심을 느낄 수 있지만 천둥에 전율하지는 않는다. 그리고 나를 전율하게 만드는 인간이 아니라 인간과 다른 것, 곧 괴물 같은 것이 아닌가? 좋다. 하지만 인간적인 것만이 비인간적일 수 있다──인간만이 괴물 같을 수 있다고 할까? 만약 무엇인가가 괴물 같은데 우리가 괴물이 존재한다는 것을 믿지 않는다면 오직 인간만이 괴물 후보에 오른다.

  만약에 인간만이 전율을 느낀다면(만약에 전율을 느끼는 능력이 본질적으로 인간에게 생물학적으로 유전된 것이 발전한 것이라면) 아마도 그것은 특히 인간적인 것에 대한 반응일 것이다. 구체적으로 인간적인 것에 대한 무엇에? 전율은 내가 인간 정체성의 불확실함에 대한 인식, 즉 상실할 수도 침범당할 수도 있는, 우리가 우리 외의 어떤 것 또는 우리라고 생각하는 어떤 것이거나 또는 어떤 것이 될 수도 있을 것이라는, 인간으로서의 우리의 기원이 설명을 필요로 하지만 설명할 수가 없는 인식에 부여하고 있는 이름이다.[2]

공포 영화에서 괴물이 흔히 좀비나 살아 있는 시체이거나 흡혈귀, 누덕누덕 기워 만든 생물체, 인조인간 또는 개조인간 중 하나인 것도 이 때문이다. 이것이 프랑켄슈타인의 괴물이 그 장르의 원형이 되는 이유이다. 상처입기 쉬운 산 인간에게 기묘하게 친밀하고 왜곡된 또는 분열된 폭력을 가하려고 위협(이 영화와 그 후속편들에서 되풀이해서 행해지는 위

---

2) 《이성의 요구》(Oxford University Press: Oxford, 1979), pp.418-19 참조.

협)할 뿐만 아니라 이 생물들은 인간의 변종이거나 왜곡된 모양이다. 그렇다면 리들리 스콧의 에이리언은 어떤가? 그것은 엄밀히 이 괴물의 극악무도함 속에서 우리가 보는 우리 인간 정체성의 불확실함에 관한 무엇인가?

사람만큼이나 커다란 이 용이 의미하는(그리고 그에 대한 첫 반응은 전율이라기보다는 공포이다) 폭력의 위협보다 그것과 조우하는 인간에게 그 폭력을 가하는 에이리언의 동기가 우선한다. 왜냐하면 그것은 인류 그 자체나 '노스트로모' 호의 승무원들에 대해 어떠한 일반적인, 또는 특정한 악의도 품지 않기 때문이다. 그것은 케인의 몸에 붙어 살아가는데, 이는 다른 생명체 안에서만 성장할 수 있는 그것의 번식법의 지시를 받기 때문이다. 그리고 승무원들이 그것의 생존(그러므로 적어도 초기에는 그 종(種)의 생존)을 위협하기 때문에, 그리고 그들이 그 종의 지속적 생존을 위해 이용할 수 있는 유일한 수단이기 때문에 그것은 나머지 승무원들을 공격한다. 결국 그것은 어떤 종에게도 자연스러운 일——자연의 명령에 따르는 것이다.

그러나 에이리언 종들은 자연의 명령에 따른다기보다 그 명령을 실현하는 듯이 보인다. 이것은 그것이 생존하고 번식하도록 몰아친 때문이 아니라 오히려 그것이 아주 순수하게 움직여서, 다른 본능적 욕구들을 갖고 있지 않은 듯——하나의 종으로서 그 자신의 존속에 필요한 욕구 외에는 소통하려는 욕구도, 문화도, 놀이나 향락 방법, 또는 근로도——하기 때문이다. 에이리언의 생활 형태는 (그냥 그저 단순하게) 삶, 바로 삶 그 자체이다. 그것은 특정한 종이라기보다는 오히려 그것이 하나의 종이 되려는 것, 생명체, 곧 자연 존재가 되려는 것의 정수이다——그것은 자연의 화신 또는 승화된 자연, 생존하고 번식하려고 쌍을 이루려는 다원적 충동에 완전히 종속하는 것으로, 그 충동에 의해 완전히 소모되는 것으로 이해된 자연계의 악몽 같은 구현이다.

에이리언의 가공할 점은 기생하여 번식한다는 점에서 더욱 특이하다. 그것이 케인의 몸통에서 튀어나오는 것을 본 후, 우리는 행성도 그 생물이 출현한 우주선도 그것의 진짜 집이 아님을 깨닫는다. 우리는 밀폐 용기에 구멍을 뚫고 (거대한 무기처럼 보이는 것 뒤에 위치한) 우주선 안에서 화석이 된 또 다른 에이리언 종의 유해를 만났던 것을 상기하고, 우주선이 불시착한 황량한 행성이 우주선의 원고장이 아니었던 것과 마찬가지로 우주선의 알 화물의 원산지가 우주선 자체가 아니라는 것을 깨닫는다——사실은 기생적인 에이리언 종이 점진적으로 그 우주선의 승무원들 체내에 침입함으로써 불시착 자체가 유도되었을 것이다——이런 기생은 어떤 종이 광범위한 자연계와 갖는 관계의 극단적인 표현이다. 동시에 그것은 그들이 자연계에서 함께 서식해야만 하는 다른 종들에 의한 포식에 대한 그들의 취약성과, 생명을 유지하기 위해서는 환경에 의존해야 함을 의미한다. 형이상학적으로 그것은 생명 자체에 대한 인식을 외부의 어떤 것이나 그것에게 육체를 갖게 하는 종 이외의 어떤 것——살아 있는 존재가 단순히 그것의 매체, 노예 또는 숙주인 양 침입해서 이용하고 나서 버리는 어떤 것, 그것 자체의 온갖 발현——으로 표현한다. 에이리언들의 기생은 자연계에 없어서는 안 될 기생의 좋은 예가 된다. 그것은 생물들의 본질인 자율성이 철저히 결여되었음——그것이 그 자신이 아닌 것과 통합될 필요성과 통합되는 것에 대한 개방성, 그리고 그것 안의 생명에 의한 그것의 희생——을 의미한다.

그러나 에이리언의 극악무도함의 아마도 가장 기괴한 국면은 그 구체적인 기생 방법에 의해 결정될 것이다. 번식을 하려면 그것은 길고 유연한 신체의 일부를 숙주의 몸에 있는 구멍의 하나를 통해 몸속으로 집어넣어 숙주의 몸통 안에 그것의 이형을 낳아야만 하기 때문이다. 그리고 거기에서 그것은 다시 뚫고 나와도 좋을 정도가 될 때까지 발육한다. 결국 케인에게 일어난 일은 그가 에이리언의 태아를 임신한 것이어서, 해산일이 되자 그의 몸은 에이리언을 세상에 내어놓기 위해 진통을 한다. 그는 성행위를 하고 임신과 출산을 하는 악몽 같은 광경을 경험한다. 에이리언의 극악무도함의 핵심은 그것이 이렇게 인간 남성과 여성 간의 성적인 관계에 관한 특유의 판타지를 구현하는 방식으로 그 숙주가 되는 종과 이어져 있다는 것이다. '노스트로모'호의 복도와 배관에 퍼진 위협은 가공하게도 이렇게 남성과 여성의 시각, 따라서 성적인 차이점 그 자체의 시각이다. 괴물 그 자체는 남성의 화신으로 몸을 꿰뚫고 들어가는 성적인 폭력으로 이해되지만, 그렇기 때문에 그것은 전 인류가 여성화되는 가공할 재난에 처할 우려가 있음을 보여 준다. 우리 인류로 하여금 여자들이 남자들과의 관계에서 점유한다고 상상되는 성 역할(폭행당하고, 기생 생물의 숙주가 되고, 출산중에 죽음을 맞는)을 할 것을 강요하기 때문이다.

더 나아가서 괴물의 구두부에 집중적으로 초점을 맞추면 그 괴기한 기생에 관한 이런 생각은 부인되는 것이 아니라 오히려 더욱 명확해진다. 물론 이 점에 있어서 에이리언의 기생 방법은 존재의 보편적 양상을 반영한다. 산후 발육의 각 단계에서 그것은 우리에게 온통 입으로 나타나기 때문이다. 거의 앞을 못 보는 체스트버스터(chestburster)의 금속성 앞니에서부터 전사의 이중으로 겹쳐 난 이빨까지, 그것의 본성은 게걸스럽게 만족을 모르는 이미지들로 아주 잘 표현되는 듯하다. (그리고 그 이미지가 남자에게 또 여자에게 제기하는 위협은 거세의 위협과 모체에 대한 유아의 무한한 요구의 위협만큼이나 사실상, 그리고 철저히 다른 것으로 받아들여질 수 있을 것이다.) 그러나 온통 입인 이 존재의 또 다른 종류인 페이스허거(facehugger)는 희생자들을 임신시킬 때 그 희생자들의 입을 뚫고 들어가기도 한다. 그리고 그 번식 방법이 인간의 번식 방법의 가공할 이미지라는 가정 아래 이것은 남자와의 관계에서 여자의 역할을 점유하는 것은 사람의 입을 막거나 다물게 하는 것, 말을 못하게 하는 것(이 영화의 사운드 트랙에서 길게 허비되는 정적으로 또 에이리언 종과의 어떤 형태의 협상——대화나 성행위——도 완전히 예상을 벗어난다는 의미로 표시된 무언)임을 암시한다. 여기에서 이성애 관계의 남성은 여자의 목소리를 침묵시킬 작정, 그녀의 개성의 가장 기본적인 표현을 부정할 작정으로 보인다. 마치 개성의 인정에 관한 무엇인가(특히 성차(性差)와 개성의 관계를 인정하는 일)가 우리의 목구멍을 틀어막아, 우리를 입 다물게 함을 에이리언의 극악무도함이 드러내는 것처럼, 인류가 여성화되는 것은 인간의 개성 그 자체가 위협당하는 것이다.

가공할 에이리언의 이런 다양한 면면들의 모든 평가는, 인간의 구체적인 모습이나 수성(獸性)에 관한 인간의 판타지 및 두려움과 관계된다. 일괄해서 그것들은 우리 자신의 육친에 의해 희생되는 우리 자신이라는 생각을 표현한다——마치 그것이 본질적으로 현재의 우리와 다른 양, 용납되지 않는 양, 우리 몸이 우리로 하여금 고통과 죽음에 공격받기 쉽게 만들 뿐만 아니라 바로 우리의 인간성을 불안정하게 만드는 양. 성별의 차이, 생존 및 번식에 대한 본능적인 욕구, 자연계에 대한 의존 및 취약점——이것들은 우리의 동물적 삶의 온갖 양상이요, 에이리언 종에 있어서 전례가 없는 정도의 순수까지 데려간 특징이지만 그럼에도 불구하고 인간과 에이리언 모두에게 공통되며 아직은 기괴한 경험으로 아는 특징들이다. 에이리언들은 이렇게 억압된 인간 육체의 회복을, 우리가 자연——생존——의 영역에 불가피하게 관여할 수밖에 없음을 의미한다.

에이리언의 자연 체현에 뒤따르는 양상은 또한 우리 자신의 동물 신분을 억제하는 방법, 다른 것이 우리의 화신을 이해하듯 우리가 우리의 인간성을 이해하는 가장 익숙한 방법을 타파하는 데도 이바지한다. 이를 위해 에이리언은 물론 대단히 채비를 잘 갖추고서 스스로를 방어한다. 더 정확히 말하자면 가죽처럼 질긴 무기한 생식 능력이 있는 알들로, 자신의 피부를 극성(極性)을 띤 규소 수지의 육체 방호복으로 변화시키는 능력으로 그것은 자신의 생존 장비를 갖춘다. 그것은 자체의 방어 및 공격 도구와 수단 일습을 내면화하거나 그것에 맞추었다——그것의 살은 방호복이고 피는 무기이다. 요컨대 몸이 과학 기술이다. 에이리언은 그것으로 '노스트로모' 호의 승무원들처럼 과학 기술에 의해 성장이 방해받거나 속박(이를테면 소외)되지 않는 진화의 한 양상을 나타낸다. 그리고 좀더 구체적으로 그것은 우리의 사회·문화적인 발달, (우리의 취약성을 줄이고 천부의 능력을 향상시키기 위해) 도구와 과학 기술을 개발함으로써 육체의 한계를 넘어 발전하는 우리의 능력이란 우리가 타고난 성질을 더 표현하기보다는, 우리 종 특유의 생물학적 천부의 재능을 단순히 이용하기보다는 우리의 타고난 성질을 초월하는 수단이라고 상상하는 우리의 경향을 약화시킨다. 에이리언이 자신의 본성 속으로 과학 기술을 가공할 정도로 깊이 섞어 넣는 것은 문화 그 자체는 사실상 우리의 제2의 본성——우리의 인간성이 안전하게 거주할 우리의 타고난 성질 이외의 어떤 것이 아니라, 우리가 우리의 인간성을 절멸시키는 조건으로 소외된 우리의 모습을 한 자아에 대해 그 나름대로 생각해야만 하는 무엇——이라는 생각에 우리의 공포를 투사한 것이다.

리플리와 애쉬

스콧의 영화 줄거리를 가장 근본적으로 조종하는 것은, 그러나 인간의 성차에 대한 에이리언의 가공할 표현임은 분명한 것으로 생각된다. 에이리언이 포식성의 남성을 위협적으로 구현하는 것으로 제시되고, 또 인간 그 자체를 여성의 입장에 위치시키려고 하는 것에 걸맞게 '노스트로모' 호 안에서 전개되는 그 드라마의 영웅적인 인간 주인공은 남자이기보다는 여자가 되어야 할 것으로 기대되며, 이 역할을 위한 두 여성 후보자들 중 주인공은 램버트보다는 리플리여야 할 것이다. 그래서 스콧이 작업하고 있는 혼성 장르를 가장 효과적으로 전복시키는 것(그가 여성을 희생물의 처지가 아닌 영웅주의와 연관시키는 것)의 하나는 결국 그의 괴물이 갖는 괴물성의 논리가 지시하는 대로 따르는 것으로 판명난다. 이 사실에서 리플리가 에이리언과 마지막으로 따로 대면하는 것은 우연한 것이거나 그저 특유의 예기치 않은 전개가 아니라 좀더 심원하게 납득할 수 있는 것——그녀에게 숙명적인 어떤 것이라는 우리의 이해가 생겨난다.

확실히 승무원들 중 다른 어느 누구도 에이리언이 그들의 또 하나의 외적 또는 기술적 피부——우주선 그 자체——를 침투해 들어오는 데 따르는 위험에 리플리만큼 민감하지 않다. 오직 애쉬의 불순종(인터폰으로 들리는 그녀의 목소리를 경청하기를 거부)만이 부상당한 케인을 기밀식(氣密式) 출입구 밖에 두려는 그녀의 확고한 결단을 이긴다. 그리고 클라이맥스에 해당하는 그녀와 에이리언과의 싸움에서 일단 에이리언이 우주선으로 들어오고, 그녀가 우주복으로 들어감으로써 에이리언으로부터 자신을 즉각적으로 보호하기 때문에 그녀는 에이리언을 우주 왕복선에서 몰아내는 데 성공한다. 이때 리플리의 본능의 힘과 적응력은 에이리언의 괴물성을 보강하는 남성성과 관련한 여성성의 개념에 대해 그녀가 본능적인 친밀감을 느끼며, 그곳에 그녀의 잠재의식이 깃들어 있음을 표현하는 것으로 판단된다. 그녀는 자신의 여성성을 에이리언이 인류에게 강요하려고 애쓰는 것으로 그동안 내내 이해해 왔으며, 따라서 어떤 대가를 치르고라도 온전히 보존되어야 할 용기(容器)로 그녀의 몸을 언제나 이해해 왔기 때문에 그녀가 일시적으로 지휘권을 가진 우주선의 물리적 본모습을 보존하기 위해서 처음부터 시종일관하게 행동한다.

에이리언에게 나타나는 뚜렷한 기생적 포식 방식은 승무원들 중 남자들에게 대단히 충격적인 것이, 그들에게는 여성의 종속적인 입장——강간·임신·출산에 대한 취약성이 본질적으로 이질적이고 충격적인 때문이다. 그것은 승무원들 중 유일한 다른 여성(램버트)에게 있어서도 역시 마찬가지인데, 그녀는——리플리의 타고난 신중함을 공유하고 있는 반면——우주선으로 다시 들어올 필요가 있을 때에는 기꺼이 우주선의 보전을 위태롭게 하고, 우주선 본래의 모습이 손상되었을 때에는 무력한 모습을 보인다. 그녀가 에이리언에 의해 최면에 걸린 듯이 보이는, 아주 노골적으로 성적인 동작들(그녀의 다리 사이에서 스멀스멀 움직이는 것으로 보여지는 무엇을 쥘 수 있는 에이리언의 꼬리)이 묘사된 그녀의 죽음 장면은 남성의 포식자적 국면이 그녀에게 너무나 낯설거나 어쩌면 어떤 의미에서 너무 낯익어서[3] 반박될 수 없음을 암시한다. 심층심리적인 차원에서 그런 남성적 극악무도함은 리플리에게 전혀 놀라운 일이 아니다. 그것은 오히려 인간 세상의 성 차이에 대한 그녀의 기본 관점을 확인하는 것이며, 그녀가 그것의 본질적인 극악무도함에 대항하는 최선의 방법에 대해 오랫동안 심사숙고한 끝에 이해한 대로 행동——이성애적 성행위를 위반하는 것을 피하기 위해 필요할 것 같으면 무엇이든 함으로써——할 기회이다. 요컨대 오랫동안 널리 알려진 신화적 비유 용법을 확대 적용하면, 이 이야기의 인간 영웅으로서 리플리의 등장은 그녀의 독

---

3) 영화의 완성판 상영 필름(《에이리언 3부작》 세트에 포함된)에서 끄집어 낸 한 장면에서 리플리가 램버트에게 다른 승무원들의 성적 관심에 대해 질문——인습적으로 여성적인 램버트의 외양이 난잡함의 정도와 관련됨을 암시하며——하는 것이 보인다.

신 생활이 암시됨으로써 힘이 부여되거나 부담을 떠맡게 된다. 그녀가 에이리언의 구애에 굴복하기를 거부하는 것은 단호한 독신 생활로 오랫동안 준비해 온 것으로, 어떤 의미에서는 단호한 독신 생활에 대한 숭배이다.

한편으로 물론 여기에서 그녀의 결의가 갖는 순수성이 바로 그녀로 하여금 에이리언의 순수한 적개심에 대항해 대전을 벌이도록 만드는 것이다. 그녀는 에이리언 자체로 생존하기에 충분히 조율되어 있고, 심리적으로도 잘 준비되어 있다——그리고 발전 과정을 돌이켜 보면 어쩌면 이것이 시리즈 내의 다른 영화들이 리플리와 그녀의 에이리언 적수가 어쩐지 서로를 위해 만들어진 듯한(마치 각자 다른 쪽을 자신에게 필적하는 것이나 자기 자신으로 보는 듯한) 인상을 주는 일에 나타내는 관심을 볼 수 있는 조짐이다. 그러나 동시에——신화적으로 말해서——리플리에게 생존 충동을 부여하는 것은 번식 충동에 대한 그녀의 마찬가지로 단호한 억압이다. 그리고 이 점에 있어서 그녀는 에이리언이 구현하는 그 충동에 철저히 반항하는 상태로 존재한다. 다시 말해서 그녀의 적수를 정복할 능력과 가치가 있게 되려면 그녀는 여성성, 이성애적 성행위, 그리고 생식력 간의 관계를 끊어야 한다——간단히 말해서 그녀는 그녀의 몸이 모성애를 받아들이는 것을 거부해야만 한다. 이 단절은 '노스트로모' 호의 모성 원칙을 유일하게 구현하는 것——승무원들 모두가 '마더(어머니)'라고 부르는 우주선의 컴퓨터——과 리플리의 관계를 그리는 영화에 의해 가장 명쾌하게 탐지된다.

나머지 승무원들과 마찬가지로 리플리는 에이리언 종 하나의 위치를 찾아내어 그를 데려오는 임무를 수행하기 위해서——그녀의 삶이 완전히 소모용으로 간주되는 목적과 관련해서——과학 기술에 의해 만들어진 우주선의 자궁으로부터 마더에 의해 다시 태어난다. 그것은 마치 마더가 번식력의 우주적 구현 그 자체를 확고히 하기 위해서 그녀 자신의 번식력의 소산을 기꺼이 희생시키려고 하는 것과 같다. 케인과 달라스가 죽고 나서 리플리가 마더에게 직접 접근하게 될 때 그녀는 이 프로그램된 악의를 폭로한다——그리고 그렇게 함으로써 그녀는 그녀 자신에게 애쉬의 거의 치명적인 공격이 폭발하게 한다. 이런 경험에 기대어 볼 때 에이리언의 파멸을 가져오려는 그녀의 최후의 계획이 우주선 자체와, 따라서 우주선 컴퓨터의 파괴를 수반해야 하는 것은 오히려 우발적인 것을 넘어선다고 볼 수 있을 것이다. 그리고 마치 마더가 리플리의 말과 요구를 즉시 수행하기를 거부하는 듯이 그녀가 발사를 중지하는 것을 막을 때, 리플리 자신은 이것이 단순히 기계적인 고장 이상임을 분명히 알고 있다. 그녀의 반응은 마더에게 소리치고——"이런 몹쓸 것!"——중앙 컴퓨터 조종대를 박살내려고 하는 것이다.

이 묘사는 단순히 리플리의 편집증과 결탁할 뿐인가? 우리는 그녀가 기계에 의한 개인적인 피해의식을 진정한 악당들(그 컴퓨터의 명령어를 공식화한 회사)과 그들의 생각 없는 수단들을 히스테리적으로, 그러나 이해할 수 있게 혼동하는 것으로 간단히 처리해야 할까? 하지만 사물에 대한 다윈의 개념에 의하면 자연의 개별적 소산을 생존과 번식 그 자체를 위한 소모용 수단으로 보는 것은 어머니 자연의 다산성의 본질이 아닌가? 이런 의미에서 번식은 그 고유한 생식 작용을 목표로 삼을 뿐이며, 따라서 어린이는 자기들이 그들 어머니의 모성애의 표현이자 희생물로 떨어질 수 있다고 생각해야 한다. 그리고 여성들은 모성애가 자기들을 우주적 번식의 원리의 매개물이자 희생물로 떨어뜨리는 것으로 생각해야 한다.

그러므로 마더와 모성애에 대한 리플리의 극단적인 혐오와 에이리언과 그것의 약탈적 기생에 대한 그녀의 극단적인 혐오는 근본적으로 같은 현상에 반응하는 것이다. 여자의 몸은 또 다른 개별 존재에게뿐만 아니라 다산의 원리 그 자체에도 숙주가 되기 때문에 모성의 조건은 이중적인 기생을 수반한다. 어머니가 되는 것은 생명의 매체가 되는 것——자신의 정신적·육체적 온전함을 아무런(한 종의 개별 구성원도 아니고 어떤 특별한 종도 아닌) 본질적인 의미도 갖고 있지 않은 것에 관한 맹목적이고 기계적인 힘에 희생시키는 것——을 의미한다. 결국 삶이 몹쓸 것이기 때문에 마더는 몹쓸 것이다.

그러나 적어도 스콧이 리플리 쪽의 모성에 대한 흔적만 남은 향수와 동경을 암시하는 것——그가 자기 자신의 안전을 위태롭게 하면서 우주선의 고양이 존스를 구출하기 위해서 에이리언을 파멸시키는 것으로 리플리를 나타낼 때——은 기억해 둘 가치가 있다. 그 동물은 리플리의 모성 충동의 치환된 표현 대상이 될 뿐만 아니라, 당연히 효과적인 공동 생활 속에서 인간과 공존하는 인간이 아닌 생물을 표현하기도 하며, 그리하여 우주의 생물이 인간의 번영에 아주 유해한 것은 아니라는 암시의 그림자를 제공한다. 리플리가 인간이 아닌 동물과의 관계 속에서는 이 충동이 표현되는 것을 더욱 쉽게 허용할 수 있다는 사실이 엄밀하게 말해서 자신의 번식력에 대한 그녀의 적의를 타파하지는 않는다. 그러나 그것은 인간의 번식력과 성적 관심의 근본적인 기괴함에 대한 스콧의 보다 광범위한 시각을 제임스 카메론이 《에이리언 2》에서 다시 쓸 수 있도록 하는 대단히 중요한 발단이 된다.

그럼에도 불구하고 좀더 광범위한 시각 안에서 스콧은 모성애에 대한 리플리의 혐오를 애쉬의 마더와의 기괴한 조율과 대비시킴으로써 강화한다. 애쉬는 영화의 전반부에서 달라스에게 이야기하라는 마더의 요구에 응하는 최초의 인물이다. 그는 계속되는 자료 조사 임무를 마더의 임무와 병행해서 처리하며, 마더가 그들의 안녕을 위해 제공하는 컴퓨터 조작에 의한 기계 사용에 가장 편안해 하는 승무원이다. 그는 늘 그들 임무의 진정한 목적을 의식한 유일한 인물이며, 마더에게 접근하는 그만의 비밀한 수단을 갖고 있기 때문에 컴퓨터실에서 리플리를 공격할 수가 있다.

게다가 물론 애쉬 자신은 인간 어머니의 자손이 아니다. 그는 인조인간이다. 이것이 마더와 그를 아주 강하게 연결되게 하지만, 그 몸이 피와 살이 아닌 회로와 규소 수지로 조립된 근본적으로 무성(無性)의 존재가 이 영화에서 모성과, 따라서 번식력 및 본성과 매우 직접적으로 결부되어야 한다는 의미에서 그 연결을 역설적으로 만든다. 이 역설은 애쉬가 에이리언과 자신을 동일시하는 정도에 의해 심화된다. 그는 암암리에 에이리언의 알의 위치를 알아내려는 원정대를 안내한다. 그는 그것이 '노스트로모' 호로 들어오게 한다. 그는 그것을 죽이려는 승무원들의 노력에 대항해 그것을 보호한다(그것이 케인의 가슴으로부터 세상으로 나오려고 할 때 그것을 공격하는 파커를 저지시키고 그것을 탐지하기 위한 매우 신뢰할 수 없는 도구들을 지급함으로써). 또 승무원들에게 고하는 그의 마지막 말에서 그는 그것의 순수성에 대해 노골적으로 찬탄한다──유기체로서의 그것의 구조적 완벽함에 필적할 것은 양심이나 도덕성에 대한 고찰에 의해 흐려짐 없는 그것의 적개심뿐이기 때문이다. 아주 명시적으로는, 그가 에이리언과 마더의 편을 들어 리플리를 공격할 때 그는 그녀의 입에 둘둘 만 잡지를 밀어넣어 그녀를 질식시키려고 한다. 이런 식으로 자신을 인간의 몸과 목소리에 대한 에이리언의 폭행과 동일시하고 있다. 다시 말해서 무기물인 애쉬는 그가 마더의 불모의 번식력의 실현에 자신을 조율시키듯 유기체의 정수를 구현하는 에이리언에게 깊이 끌린다.

영화는 이 명백한 역설을 이해하는 두 가지 방법을 제안한다. 첫째, 그것이 어쩐지 비본질적이거나 이질적인 것으로 일찍이 묘사한 우주적 생명의 원리에 유기체의 영역을 환기시킴으로써 애쉬와 마더의 무성 회로가 삶 그 자체를 살아 있는 것이 아니라, 본질적으로 동물적이거나 육욕적인 것이 아니라, 오히려 부호와 프로그램의 문제로 나타내려 의도되는 것을 추론할 수 있다. 삶 그 자체는 유기체적 영역을 조종하는 비유기체적이고 초(超)기계론이며 맹목적인 결정론이다──그것을 유전 암호의 암호 지정이라 하자. 따라서 그것을 수성(獸性), 즉 피와 살의 노출로 공상할지라도(영화 서두부의 탄생에 대한 과학 기술적 환상처럼) 그 정수(마더의 냉담과 애쉬의 잔학함으로 해서 리플리에게 분명해지듯이)는 그것의 에이리언적 구현(저 육욕 행위 그 자체의 구현, 순수한 생물을 만든 생명 암호의 구현) 못지않게 치명적이다. 그것이 사람이 아니라 에이리언으로 이해되든 또는 그것의 숭고한 본질로 이해되든 생명은 가공(可恐)할 만한 것이다.

그 역설을 이해하는 두번째 방법은 승무원들 속에서의 애쉬의 주요 역할이나 기능으로 눈을 돌리게 한다──그는 과학을 담당하며, 따라서 자연을 연구하고 이해하는 데 철저히 전념하는 인물이다. 여기에서 무생물이라는 그의 신분은 우리 문화가 과학자에 대해 상상하는 많은 것들을 상징한다──그는 어떤 의미에서 감정이나 사사로운 생각, 편견, 도덕성에 대한 주장으로 때묻지 않아 지극히 합리적이라는 것이다. 하지만 그는 또한 그의 연구 대상에 대한 압도하는 찬탄과 경외, 자연과 우주에 대한 경탄을 타고났다는 것이다. 이 사실에서 에이리언, 곧 살아 있는 물체와 수성의 구현, 완벽한 유기체에 대한 그의 감정 이입이 유래한다. 애쉬에게 에이리언은 그가 맡아 하도록 프로그램된 임무의 목적으로서의 의미를 넘어 우주적 생명 원리의 진정한 의미를 상징한다. 그것은 인간의 도덕성과 문화가, 그리고 실로 인류 그 자체가 근본적으로 하찮은 것임을──우리는 우주와 그 관심의 중심에 있지 않다는 사실을──의미한다. 그가 '노스트로모' 호의 승무원들을 기꺼이 소모용으로 대하는 것은 이렇게 과학의 시각을 근본적으로 초도덕적이거나 비인간적인 것으로 요약한다——그것이 자연에 관한 진리를 추구할 때 사실을 객관적으로 확립하기 위해 인간의 가치를 제쳐 놓을 것을 요구할 뿐만 아니라 과학이 드러내는 자연에 관한 진리에 의하면 자연 그 자체가 근본적으로 초도덕적이거나 비인간적이라는 것이라는 점에서. 애쉬도 그의 마더도 스스로를 인간의 삶과 인간의 관심이 아니라 생명 그 자체와 동일시한다. 결국 그들 자신은 인간 삶을 구현한 것이 아니다. 이 영화가 우주선의 과학 담당자를 괴물과 하나인 비인간적인 존재로 나타낸 것에 대해 우리가 희미하게 만족을 느끼는 것은 당연하다.

아직까지의 나의 설명은 에이리언과 과학을 동일시하는 또 다른 암시적 측면을 함축하고 있다. 애쉬가 리플리의 목에 둘둘 만 잡지를 억지로 밀어넣어 에이리언이 인간의 몸에 가하는 독특한 기생적 폭행을 모방할 때 그의 주변을 둘러싼 벽 위의 그림들은 그 잡지가 외설물임을 암시한다. 그것에 의해서 그의 행동은 영화가 에이리언과 남성의 성적 폭행을 동일하게 놓고 있음을 뒷받침한다. 그러나 그것들은 또한 과학과 남성성을 동일시하고 있음을 암시하기도 한다. 마치 자연을 대상으로 한 정서적으로 중립적이고 도덕적으로 중립적인 관찰과 실험이 그것의 강간에 해당하는 것처럼, 그 사상은 자연에의 과학적 접근법이 요컨대 폭력적이라는 것, 자연계를 침투하거나 침해하려는 시도라는 것이다. 그러나 애쉬는 그가 관찰에 몰두하고 있는 자연계의 정수와 자신을 동일시하는 것으로 묘사되기 때문에, 본질적으로 남성적인 그의 성폭력은 더 나아가서 우주적 생명 원리 그 자체, 유기체의 영역에 대한 양면적 가치를 갖는 그것의 외형 일체에 대해서 본질적으로 남성적으로 이해되어야 함을 암시한다——마치 번식 욕구가 탐욕스럽고 본질적으로 폭력적이며 능욕적인 듯이.

멈출 수 없는 생식력과 끝없는 극기로 우주를 보는 시각은 니체가 훗날 권력에의 의지——무정형의 혼돈에 형태를 부여하는 능력이자, 주어진 어떤 형태를 또 다른 좀더 새로운 그런 형태의 이름으로 파괴하고 희생시키는 능력——라고 명명한 그의 초기 디오니소스적 시각의 어떤 국면과 관련시켜 설명될 수 있다. 그것은 삶을 끝없는 생성으로 보는 사상이지만, 그에 따르면 삶에의 적합성은 그 환경뿐만 아니라 (필요하면) 스스로에게 부과하는——예를 들어서 그 환경 내의 저항할 수 없는 어떤 변화에 순응하기 위해, 또는 안정이나 혈류 정지의 사후 경직으로부터, 단순한 자기 복사로부터 스스로를 구조하기 위해서 자신을 개혁함으로써——개인이나 종의 능력 문제이다. 영화가 에이리언의 적응성——그것 개개의 생명 주기의 범위 안에서 존재의 한 국면이나 양상에서 다른 것으로 끊임없이 진화하고, 또 가장 극단적인 주변 환경에 대항해 스스로를 적응하고 방어하는 능력——을 강조하는 것은 이 사실에서 유래한다.

물론 그런 과학적인 방법과 그 연구 목적을 남성적 탐욕과 동일시하는 것을 다른 방식으로 읽을 수도 있을 것이다——본질적으로 권력에의 의지로서의 자연에 대한 시각은 자연의 본질에 대한 폭로가 아니라, 오히려 그것을 야기시키는 과학적 접근법 속에 함축된 남성적 성폭력에 표현을 부여하는 자연에 대한 왜곡된 해석임을 암시하는 것으로. 그러나 권력에의 의지(이성애적 성교의 형태이건, 애쉬와 마더의 배려와 의도이건, 또는 에이리언의 기생이건)만큼이나 본질상 영웅적으로 이해되는 생명의 중심 상징들에 대한 리플리의 거의 정도를 벗어나는 법이 없는 저항을, 영화에서는 오히려 다산성이나 모성애에 대한 그녀의 인식은 모성에 대한 폭행이나 강간으로, 모성애에 대한 인식은 모성애를 발휘하게 하기보다는 그녀의 육체에 에이리언이 서식하기를 요구하는 것으로 일괄해서 받아들여 표현하는 듯이 보인다. 마치 실제 삶 자체가 본질적으로 여성에 대한 남성의 폭행으로 이해되는 것 같은데, 거기에서 여자들은 단순히 그들에게 본질적으로 이질적인 어떤 것(본질적으로 통찰력 있고 진취적인 힘 또는 충동 또는 의지)을 앞으로 유전시키기 위한 수단으로서의 역할을 할 뿐이다.

그녀 본래의 모습을 유지하려는 리플리의 끈질긴 충동은 본질에 있어서 그녀의 삶, 자연, 그리고 우주로부터의, 또 그녀가 그렇게도 순수하게 증오하는 것에 관여하는 그녀의 모든 것——그녀를 불가항력적으로 구속하는——으로부터의 소외 의식의 표현이다. 왜냐하면 결국 그녀는 애쉬와 마더, 그리고 바로 에이리언에게 그녀의 의지를 강요하는 데 마침내 성공하지 않는가? '나르시서스' 호('노스트로모' 호의 우주 왕복선)의 괴물에 대한 그녀의 최후의 승리, 즉 영화가 끝나는 화면 위로 들리는 그녀의 조난 구조 신호에 목소리를 부여할 공간을 창조하는 데 그녀가 성공하는 것은, 그녀의 무기가 재빨리 처치하는 냉혹한 우주의 심장과 적의 심장에 작살을 찔러넣을 수 있도록 그녀의 환경(진공으로 만듦)과 그녀 자신(제복을 입음)을 새롭게 고침으로써 달성되지 않는가? (그녀가 '나르시서스' 호에서 대결한 에이리언이 그녀 자신을 반영하듯) 그녀의 사고와 행동, 기저의 심리가 대단한 혐오를 드러내는 남성적인 권력에의 의지를 보여 주는 더 좋은 예는 무엇인가? (이 아름답게 안무된 공격, 이 감정과 이성, 정신이 천의무봉으로 꼭 들어맞는 것을 보면서 우리는 애쉬가 에이리언을——그것이 케인의 가슴을 뚫고 나오자마자—— '케인의 아들'로 묘사한 것을 상기할 것이다. 이것은 에이리언이 인간 남성을 임신하게 만들어 남자다움을 잃게 하는 능력을 영화에서 지극히 노골적으로 언급하는 것이다. 그러나 최초의 인간 살인자에 대한 성서의 이름으로 들리는 이름〔이 장의 제목 〈케인의 아들, 카인의 딸 Kane's Son, Cain's Daughter〉에서 Kane과 Cain은 철자는 다르지만 발음은 동일하다. 다만 우리에게는 성서 〈창세기〉의 카인과 아벨의 이야기로 널리 알려진 이름인 Cain의 원음을 살릴 경우 이 글에서 언급하고 있는 성서의 카인을 우리가 쉽게 떠올리지 못하는 한편, 두 이름의 철자가 다른 점도 드러나지 않기에 부득이 Kane은 케인으로, Cain은 우리에게 익숙한 카인으로 번역하였다: 역주)을 언급하는 것은 더 나아가서 죽음을 초래하는 괴물의 탐욕이 인간에게 본질적으로 이질적이지 않으며, 오히려 최초의 인간 가족에서도 있었고 그후로도 인간 가족에게서 결코 근절된 적이 없었음을 암시한다. 그렇다면 한꺼풀 벗겨 보면 리플리가 케인의 아들에게 누이가 된다면 그녀는 카인의 딸——신이 사랑하는 아벨의 후손이 아니라 신이 지상의 도망자이자 방랑자로 선고한, 신이 창조한 우주에서 근본적으로 편할 수가 없는 그의 분노에 찬 형, 인간의 결속을 최초로 위반한 자의 후예이다.) 그러나 만약 리플리가 혐오하는 것이 그녀가 혐오하는 것으로부터 그녀를 구하는 것이라면(만약 그것 자체의 구체화된 괴물 같은 화신을 극복하는 것이 바로 그녀에게 있어서 삶의 순수한 격정이라면) 그녀는 결국 자기 자신을 혐오하거나, 그녀가 마음속으로 혐오하는 것을 극복하거나, 또는 그녀의 혐오를 극복해야만 할까?

블레이드 러너의 교육

이들 질문에 대한 대답을 발전시켜 나가는 일이 다른 감독들 수중에 맡겨진 '에이리언' 시리즈의 전개를 좌우할 것이다. 그러나 그것은 또한 리들리 스콧의 다음 영화, 《블레이드 러너》의 주제 구조와 이야기 전개 역시 좌우한다. 분명 이 영화(햄프턴 프랜처와 데이비드 피플즈가 쓴)는 인간이 된다는 것은 무엇인가라는 문제에 관한 것이기 때문이다. 좀더 엄밀히 말해서 그것은 그 문제에 사로잡혀 있다. 복제 인간들의 지도자가 삶, 인간의 삶과 동등한 삶을 추구하는 일에 사로잡히는 방식에 사로잡혀 있다. 로이 베티가 이 추구를 수명 **연장**에의 추구——마치 복제 인간이 오래 살면 인간이 될 수 있는 듯이——로 오해하는 것을 보여 주는 일이 영화의 목적이다.

복제 인간은 애쉬처럼 생모가 없다. 그러나 애쉬와는 달리 그들은 이것을 심히 충격적으로 느낀다. (그의 어머니에 대한 느낌을 묻는 것이 복제 인간 레온이 서두에서 데커드의 동료를 살해하는 원인이 된다.) 이것은 복제 인간은 (다시 한 번 애쉬와는 다르게) 인조인간이 아니라 오히려 외계의 식민지에서 위험하거나 좋지 않은 일에 충당하려고 유전공학이 만들어 낸 산물——따라서 피와 살로 되어 있다——이기 때문인 것 같다. 마치 이를 강조하려는 듯 영화의 잔인한 폭력(셋을 '회수'한 것은 별도로 치더라도, 우리는 교살 시도, 야만적인 구타, 쇠막대기로 공격, 일부러 부러뜨린 손가락, 그리고 집중적인 육체적 고통의 클라이맥스를 목격한다)은 일반적으로[4] 복제 인간들을 향하고 있다. 마치 그런 구현된 존재들은 고통을 느낄 수 없다는, 고통을 가하는 것이 범죄가 아닌 존재라는 당국의 정책에 맞서는 것처럼.

그보다도 이 장면들이 유도하는 것은 인간을 그렇게 취급하는 데 대한 우리의 반응에 필적하는 복제 인간들을 이렇게 취급하는 데 대한 본능적 반응이다. 우리는 그들의 행동을 자동 조작에 의한 공허한 과시로 보기보다 고통과 괴로움의 표현으로 본다. 로이의 표현처럼 "우리는 컴퓨터가 아니다…… 우리는 육체가 있다." 그들에게 가해진 폭력은 정치적 또

---

4) 우리는 J. F. 세바스찬의 처형이나 그의 시신을 본 적이 없다. 티렐은, 앞으로 보겠지만, 그의 인간 신분이 의심의 여지가 있다는 맥락에서 살해된다. 그리고 데커드를 향한 폭력——그의 인간 신분 역시 의심되고 있다——은 교육적 기능을 갖는 것으로 보일 것이다.

는 철학적 논쟁을 넘어서 복제 인간들은 어떤 인간에게도 열려 있는 감정의 기본 영역과 복잡성을 표현할 능력이 있음을 일반에게 확인시킨다. 그들의 고통 행위가 우리에게 감정 이입시키는 주장은 인간적인 상태에 대한 그들의 요구에 타당한 것은 바로 복제 인간의 구현의 이런 국면이라는 영화의 가설이 어디에 근거하는가이다. 어떤 것이 그들의 육체를 **장악**하고 있는지의 여부에 관한 가설이 아니다. 《블레이드 러너》는 이렇게 인간의 육체 뒤에 숨겨진, 인간의 육체와 완전히 구분되는 인간의 마음이나 정신에 대한 어떠한 이해도 거부한다. 그들이 구현하는 삶이 인간의 삶에 필적하는 복잡함과 한계를 갖는 존재를 제시함으로써 스콧은 관객들로 하여금 그들에게 정신적인 것들의 논리 공간을 만들어 내는 전 영역에 걸친 심리적 개념들을 적용하게 하고, 그렇게 함으로써 주어진 창조물에 대한 우리 생각의 속성은 그들이 특별히 구현한 것이 그들에게 부여하는 행동의 목록에 대한 반응이라는 것을 증명한다. 일찍이 비트겐슈타인은 "인간의 몸이야말로 인간의 영혼을 가장 잘 보여 준다"라고 말했다. 이 영화는 그 통찰을 극화해 영사한다.

그러나 만약에 그로써 우리에게 인간의 지위를 원하는 그들의 요구와 관련된 복제 인간에 관해 알 필요가 있는 모든 것——그야말로 알아야 할 모든 것——이 제시된다면, 만약에 우리가 (그리고 영화계의 어느 누구든) 그들이 인간으로 취급되는 데 아무런 불리할 것이 없음을 이해할 수 있다면, 어떻게 또 왜 영화 속의 대부분의 인간들은 이것을 이해하지 못하는 것으로 보이는가? 예를 들어서 왜 데커드의 상관 브라이언트——복제 인간 사냥 블레이드 러너 부대의 지휘관——는 복제 인간을 개조물로 간주하는가? 영화에서의 해답은 브라이언트가 "흑인을 '검둥이'라고 부르곤 하는 유의 경찰관"이라는 사실에서 찾을 수 있을 것이다. 다른 인간들이 그렇게 하기를 거부하거나 달갑게 여기지 않는다는 것 외에는 복제 인간이 인간으로 취급되어서 불리해지는 것은 없기 때문이다. 감각에 관한 어떠한 축적된 사실이나 증언도 어떤 사람으로 하여금 다른 인간의 고통의 순수한 표현으로서의 고통 행위에 관한 모든 기준이 충족되는 행위를 억지로 인정하게 할 수는 없다. 브라이언트가 복제 인간들을 인간으로 인정하지 못하는 것은 이런 사실에 대한 무지나 억제에 기초한 것이 아니라 오히려 그들에 대한 하나의 있음직한 태도를 표현하는 것이다. 복제 인간의 인간성은 그들 동료들의 손에 달려 있다는 것이 된다. 그들이 인간의 지위를 취득하려면 다른 사람들이 그들을 인간으로 인정하는 것이 필요하며, 만약 그들의 인간성이 부정되면 취득은 희박해진다. 그리고 물론 이 점에 있어서 그들은 그들을 인정하거나 끝내 인정하지 않고 마는 인간과 다시 한 번 더 닮았다.[5]

이 주제는 영화가 묘사하는 데커드와 레이첼의 관계의 중심이 된다. 그들의 첫 만남은 피실험자의 모세혈관의 팽창, 홍조 반응, 동공의 동요, 페로몬 분비, 기타의 정서적인 반응에 대한 생리적 기록을 평가——복제 인간들은 다른 것들과의 어떠한 감정 이입적 조율도 안 되기 때문에 그로 인하여 인간과의 차이를 드러낸다는 이론——하기 위해 블레이드 러너들이 사용하는 장비인 보이트-캄프기(거짓말 탐지기)를 마주하고 일어난다. 그러나 복제 인간을 계획한 타이렐이 지적하듯이 이 감정 이입의 결여와 그에 상응하는 정서적 미숙은, 그들의 수명을 4년으로 제한하고 그에 상응해 그들의 기억과 경험의 한계를 구속하도록 복제 인간을 만든 사람들의 결정에 의해 확정된 것이다. 반대로 레이첼은 감정을 위한 완충물을 창안해 내는 과거의 이력을 부여받았지만 그것은 자신이 복제 인간이라는 것을 그녀가 모를 것을 필요로 한다.

---

5) 스탠리 카벨은 《이성의 요구》 제4부에서 인정의 논리를 상세히 취급한다.

처음에 데커드는 레이첼에게서 일상적인 감정의 부재를 추적하는 데 어려움을 느끼는 것에 대하여 오히려 이 부족이 우연한 것이고 정도의 문제라는 것, 즉 복제 인간들은 그들 자신에게 아무런 결함이 없기 때문에 정서적 의미에서 오히려 어린아이들처럼 보일 수도 있다는 것, 그래서 성숙할 수 있는 듯이 보일 수 있으며, 인간임이 확실한 어떤 사람들(브라이언트 같은)은 결코 그같은 성숙에 이를 수 없다는 것을 암시하는 사실을 망각하고 거짓말 탐지 테스트를 통과하는 데 실패한 그녀를 단순히 인간이 아니라는 증거로 이해한다.

그의 아파트에서 그가 노골적으로 레이첼의 내면 세계를 이루는 기억을 열거하고, 그녀에게 그들의 '진짜' 혈통(타이렐의 조카)을 알려 주어 과거의 완충물을 잡아뗄 때 그는 레이첼의 인간성을 더욱 강하게 부정한다. 더욱이 그녀가 고통스러워하는 것을 보고 그의 야만적 행동에서 물러서려는 그의 시도조차 그녀에 대해 충분히 걱정하고 어떤 배려로 그렇게 할 능력이 없음을 암시할 정도로 너무나 서투르다. 심지어는 레온의 살인적인 공격으로부터 그녀가 그를 구해 준 후에 그가 다시는 그녀를 개인적으로 추적해서 잡지 않을 것이라고 공언하는 것은 그녀에게 은혜를 입었다는 생각에 근거한다——그들은 채무자와 채권자는 동등하다는 방식으로만 동등하다. 레이첼이 데커드 자신은 거짓말 탐지 테스트를 해본 적이 있는지 물어보는 것으로써 이에 응할 때 스콧은 우리로 하여금 다른 사람의 인간성을 인정하기를 거부하는 것은 자기 안의 인간성을 거부하는 것이 됨을 인정하도록 이끈다.

그러나 데커드의 구제 가능성은 같은 장면의 후반부에서——레이첼이 피아노 레슨에 대한 자신의 기억조차 신뢰할 수 없기 때문에 피아노에 앉아 피아노를 치고 있는 것을 발견한 후——그가 "연주가 아름답군요"라고 말할 때에 드러난다. 미묘하고 재치 있는 이 일이 서로에 대한 감정을 완전히 알게 하는 동기를 마련하지만, 데커드는 다시 일을 서투르게 처리한다. 레이첼이 이제 그녀의 감정에 생명을 걸 수 없다고, 따라서 데커드에게 끌리는 그녀를 인정할 수 없다고 느끼는 것을 알고 그는 그녀가 이 불안을 극복하도록 도와 주려고 마음먹는다. 하지만 그는 벽에 그녀의 등을 밀어붙이며 그녀에게 감정을 표현하도록 명령함으로써 그렇게 한다. ("'키스해 달라'고 말해…… '난 널 원한다'고…… 다시 한 번 더…….") 그때 그녀가 계속해서 그녀만의 표현을 즉석에서 만들어 내는 사실("날 만져 봐요")이 처음에 이렇게 그녀의 입 속에 말을 우겨넣은 일이 불온한 성폭력이 되는 것을 조금이라도 덜어 주지는 않는다.

데커드가 실제로 구원되는 것이 확실해지는 것은, 영화의 마지막 장면에서 그가 자기의 아파트로 돌아와 레이첼이 소파에서 수의 같은 시트를 덮고 누워 있는 것을 발견할 때이다. 하지만 그가 그 이불을 걷을 때 그는 그녀를 (다시) 아주 활기차게 만들도록 그녀에게 말을 거는 방법을 발견한다. 앞서 그들이 만나는 장면은 서서 서로를 바라보아 신장과 힘, 공격성에 있어서의 데커드의 우위를 강조한 강한 수직적 배치를 보였다. 이제 그는 소파 머리맡에서 그녀의 얼굴을 굽어보며 동등하게 강한 수평적 배치를 만들어 낸다. 그의 육체적인 우월성을 제거하고, 그들의 옆모습이 상호 보완적임을 암시한다. 이어지는 대화는 이 새로이 이룩한 대등 의식에 걸맞는다. 데커드는 이제 레이첼에게 대화를 명령하지 않고 그녀에게 질문("나를 사랑하나요…… 나를 신뢰하나요?")하고, 그녀는 마음 내키는 대로 자유롭게 대답하고 거리낌 없이 긍정하기 때문이다. 즉 레이첼이 그에 대한 자신의 사랑을 거리낌 없이 인정할 수 있는 대화를 할 조건을 만들어 냄으로써 그는 그녀에 대한 그의 사랑과 그런 인정의 필연적 상호 의존 관계를 인정한다. 이들 둘은 모든 사람의 인간성이 위험에 처한 악몽 같은 도시 풍경에서 탈출했다.

죽을 수밖에 없는 운명의 인간

데커드로 하여금 인간성을 되찾게 하는 일은 레이첼과의 두 차례의 대화 사이에 일어나는 교육——브래드버리 빌딩에서의 영화 클라이맥스 장면에서 로이 베티가 전달하는 일을 떠맡는 교훈——으로 더욱 진전된다. 그러나 로이가 이 교훈을 전달하는 일을 허락하는 것은 인간이 되는 것이 무엇인지에 관해 그 자신이 발전적인 교육을 받는 것이고, 특히 좀 더 수명이 연장되는 것이 결코 그 자신의 인간성을 획득하거나 확립하는 쪽으로 나아가지는 않을 것이라는 것을 그가 배우게 되는 것이다.

인간은 죽을 수밖에 없는 운명이라는 주장이 의미하는 것은 무엇인가? 아마도 그들은 영원하지 않다는 점, 인간은 영원히 살지 않는다는 점——인간의 생명은 어느 순간에 끝나야 한다는 점일 것이다. 이 대조는 인간의 삶은 유한한 양의 시간을 점유하기 때문에 인간은 죽을 수밖에 없는 운명이라는, 그들의 하루하루는 계산되어 70년 후면 (곧) 다하도록 운명지어졌다는 견해를 조장한다. 이것이 로이 베티와 그의 집단이 받아들이는 견해임이 분명하다. 지구로의 그들의 위험한 귀환은 더 살려는 욕망——인간의 수명과 같아질 때까지 그들에게 할당된 날들을 확장시키고자 하는 욕망——에 의해 유발된다. 영화 속의 짤막한 한 장면이 이 계획이 기초하는 오해를 현기증나는 속도로 미묘하게 드러내고 훼손한다.

데커드가 복제 인간 조라를 총으로 쏜 후에 조라의 파트너 레온——'은거처'를 관찰한 사람——이 다가와서 그를 샛길로 끌고 가는데, 그곳은 레온이 블레이드 러너에게 야만적인 폭력을 가하는 곳이다. 이때의 대화는 매우 큰 비중을 차지한다.

레 온: 난 몇 살이지?

데커드: 모르지.

레 온: 내 생일은 2017년 4월 10일이야. 얼마나 산 거지?

데커드: 4년.

레 온: 당신보다는 오래 살았군. 공포 속에서 사는 게 고통스럽지 않나? 긁을 수 없는 곳이 가려운 것보다 괴로운 건 없어.

데커드: 맞아.

레 온: 정신 차려. 죽을 시간이야.

이 영화에서 우리가 복제 인간들에 대해 느끼는 동정의 많은 부분은 우리가 (그리고 그들이) 박탈로 인식하는 것과 관련된다. 대략 4년으로 설계된 그들의 수명은 (사고를 제외하고는) 어떤 인간이 의지할 수 있는 시간보다도 훨씬 짧으며, 그것은 그들이 존재하는 첫 순간부터 죽을 정확한 날짜를 알게 한다. 하지만 데커드에게 묻는 레온의 질문은 이 가설에 대해 의문을 갖게 만든다. 블레이드 러너를 죽이는 그의 능력은 보통 인간의 수명은 복제 인간의 한계를 갖는 수명을 이긴다는 환상을 무너뜨리기 때문이다——그런 까닭에 죽음을 성서에나 나오는 길이로 미뤄 둘 수가 없다. 실제로 레온은 여기에서 데커드가 죽는 순간을 지정하는 실권을 가진 인물로 등장하기 시작한다. 마치 그가 죽을 구체적인 날짜를 아는 것이 그에게 죽는 것에 대해 우리가 공유하는 공포를 정복하고 이용하게 하는 듯한 반면에 유약한 인간들은 그들의 종말이 언제 올지 결코 확신할 수가 없는 것이다. 그러나 바로 이 순간 이번에는 복제 인간의 우월성에 대한 우리의 인상이 산산이 부서진다. 레이첼이 총으로 레온의 머리를 쏘아 데커드를 구하기 때문이다. 이런 식으로 해서 자기가 죽을 수밖에 없는 날짜를 아는 것이 자기가 언제 죽을지 아는 것과 같지 않음이 입증된다.

교훈은 분명하다. 죽을 수밖에 없는 운명의 유한성이 우리의 수명이 유한하다는 사실로까지 축소될 수는 없다. 그것은 오히려 인간 삶의 매 순간은 그 자신이 존재하지 않을 가능성에 의해 필연적으로 그늘이 드리운다는 사실을 성립시킨다. 죽음은 삶의 추상적이거나 요원한 한계, 연속되는 우리 하루의 불확정적이지만 피할 수 없는 경계가 아니라 오히려 우리 존재의 매순간 현존하는 것이다. 이것은 하이데거가 인간의 실존에 대해 생각하면서 죽음을 향해 가는 존재로 포착하는 사상이다. 거기에서 죽음은 우리 자신이 갖는 불가능의 가능성으로 이해된다. 그리고 죽음의 발생은 그들의 수명의 길이나 주어진 어느 한 날 그들의 삶이 끝날 것을 예고할 수 있다는 확신에 근거해 복제 인간과 인간을 구분하는 것이 적절치 못함을 드러낸다. 둘 다 살아 있으며, 둘 다 의식을 갖고 있다. 따라서 둘 다 죽을 것이며, 둘 다 그 사실을 의식하고 있다. 어느쪽이나 그 충분한 의미를 파악하게 될지 하는 것은 또 다른 문제이지만 그것은 둘 다 직면하는 것이다——그것은 복제 인간들이 죽음에 대해 인간과 같은 관계에 있음을 의미한다.

타이렐과 복제 인간의 수명을 연장하는 그의 능력에 대한 로이 베티의 탐색은 그래서 죽어야만 할 운명을 인정하기보다 부정하는 것으로 나타난다. 그러나 그가 이것을 절실히 느끼게 되는 것은 오직 그가 타이렐과 만남으로써이다. 로이를 만든 사람은 복제 인간의 수명 연장을 위한 생명 역학적 한계라는 주제를 재빨리 간단히 처리해 버리고("이 모든 것은 탁상공론이다"), 대신에 그가 "두 배로 밝게 연소하는 사람의 연소 시간은 반이오. 그리고 로이, 당신은 아주 대단히 밝게 연소했소…… 당신이 쓸 수 있는 시간을 한껏 즐기시오"라고 말할 때 죽어야 할 인간의 운명을 진정으로 받아들임에 있어서 어떤 경우에도 빠뜨릴 수 없는 것으로

이 영화가 제시할 두 중심 개념을 소개한다.

타이렐의 경우 로이의 삶의 진가 또는 가치는 그 길이에 의해서가 아니라 삶의 매순간을 경험하는 강렬함에 의해서 결정된다——다시 말해서 (그리고 다시 한 번 하이데거가 추구한 노선을 따라) 그 자신의 존재의 덧없음에 대해 특별한 자세를 표현함으로써. 현 순간의 덧없음을 그것의 중요성을 보여 주는 것으로 받아들이는 것이 아니라 그것의 중요성의 본질——그것은 언제나 미래로부터 전달되고 언제나 막 과거로 전달되려고 하는 변화의 순간이고, 따라서 인간 존재는 언제나 끝없이 생성되고 있다는 사실——로 받아들인다. 모든 인간 경험은 현재의 경험이거나 아무것도 아니다. 따라서 현재의 순간에 맞물려 들지 못하는 것은 삶 그 자체에 맞물려 들지 못하는 것이다. 그러나 그것에 적절히 맞물려 들어가는 것은 그것이 과거 및 미래와 꼼짝 못하게 관계되어 있음을 인정하는 것을 의미한다. 따라서 진정으로 자신의 삶을 사는 것은 그런 매순간이 지나갈 것을 여전히 인정하면서도(어쩌면 인정함으로써) 매순간이 밝게 타오르도록 하는 것이다.

타이렐은 이것이 자신이 쓸 수 있는 시간을 한껏 즐기는 것이라고 말한다. 이 환락 또는 놀이에 관한 언급은 《에이리언》에서의 니체 철학 배후에 심은 의미가 여기에서 다시 등장하고 있음을 보여 주지만, 이번에는 스콧이 니체의 차라투스트라에게 호소하고 있다. 차라투스트라는 평생 동안 가볍고 우아하게 춤추는 사람으로 초인(자아를 극복한 사람, 자기 자신을 본질적으로 변화하는 것으로 이해하는 사람)에 대해 끊임없이 이야기하는 사람이다. 진정한 죽음에 이르는 존재에 대한, 매순간을 철저하게 사는 한편, 그 본질적인 무상함을 존중하는 것에 대한 하이데거의 관념은 여기에서 구체적으로 표현된 유한한 존재라는 사실이 가능하게 만드는 행동과 실행의 가능성을 한껏 즐기는 문제로 해석된다.

로이는 희미하게 이를 깨닫고 있다. 그것이 프리스가 세바스찬의 아파트에서 "나는 생각한다. 고로 나는 존재한다"는 데카르트 철학의 격언을 이야기할 때 로이가 "좋았어, 프리스——이제 왜 그런지 그에게 설명해줘"라는 말로 응하는 이유이다. 하지만 타이렐이 날조하는 니체 철학과의 관련은 그로 하여금 사람의 삶을 이루는 순간들의 진정한 의미 또는 취지는 외부의 보증인에게 의지하기보다는 그 삶 안에서부터 발생되어야 한다는 것을 이해하게 한다. 차라투스트라에게 있어서 초인의 신빙성은 영원한 순환 학설——다시 한 번 더 살 기회에 직면했을 때 그 안의 단 한순간도 바뀌어서는 안 된다고 성실하게 바랄 수 있어야만 비로소 사람은 완전한 인간 삶을 달성한 것이다——에 의해 보장되었다. 이것은 철저한 자급자족 안에서 부분들이 혼연일체를 이루는 일체 완비된 전체로서의 삶에 관한 비전이다. 그리고 자기 스스로 입증하는 그런 삶은 그것 외의 의의나 가치의 공급원이 전혀 필요하지 않을 것이다.

니체가 신의 죽음과 초인을 관련지은 것은 여기에서 유래한다. 그리스도교도에게 신은 인간 삶의 가치에 대한 전통적인 외부 보증인이며, 신이 우리로 하여금 우리 존재의 가치를 그에게 위탁하도록 유혹하는 한, 그 장면에서 신을 제거하는 것은 인간의 확실성에 대한 가장 중요한 표시가 된다. 니체는 우리 삶을 완전히 책임지는 데 수반되는 일을 완전히 책임질 필요를 강조하기 위해서 인간이 신을 살해한 것으로 이 제거를 서술한다. 그리고 이 이야기대로 행함으로써——세바스찬으로 하여금 고통에 겨워 "오, 하느님!"이라고 내뱉게 하는 방법으로 그의 창조자를 살해함으로써——로이는 타이렐이 그에게 가르치고자 했던 교훈을 그가 배웠음을 증명한다. 데커드와의 마지막 조우에서 그는 그 교훈을 전하려고 한다.

어떤 의미에서 로이가 쓰러져 가는 브래드버리 빌딩을 온통 뒤지며 데커드를 추적하는 것은 복수심——데커드가 프리스와 다른 복제 인간들을 처형한 데 대한——에서 나온 것이다. 그들의 기억은 꺾인 손가락 형태로 데커드의 몸에 각인된다. 하지만 그 사냥 역시 로이의 초인 신분——엄밀히 말하면 그가 니체가 선악에 관한 '노예 도덕'이라 칭한 것(모든 도덕성을 넘어서는 것——애쉬가 에이리언에 대해서 생각하듯——이 아니라 좋은 것과 나쁜 것을 대조시킨다기보다 선한 것과 악한 것을 대조시키는 본질적으로 그리스도교적인 도덕률)을 넘어선 점에 있어서——을 드러낸다. 이렇게 로이는 데커드를 선을 대표하는 사람으로 특징지으며("자네는 선한 사람이 아닌가?") 그에게 '노예가 되는 것이 어떤 것인지' 억지로 경험시킨다. 이때 로이 주변에 모여 있는 그리스도교의 이미지들(손바닥을 뚫은 못, 지붕 위 십자가 형태의 환기 장치의 행렬, 평화의 비둘기)은 그가 경의를 표하는 것이 아니라 그가 갖고 노는 것으로 그만의 용도로 쓰인다(그가 못을 자신의 임박한 죽음이 진행되는 것을 늦추는 용도로 쓰는 것처럼). 그것으로 그는 자기 스스로에게 그의 메시지가 적어도 그리스도의 메시지만큼이나 인류에게 중요한 어떤 사람의 배역을 맡기며, 자신을 모든 가치의 재평가자로 선언한다.

로이가 노예 상태를 공포 속에서 사는 것으로 연상하는 것은 이렇게 앞서 레온의 견해를 반향하며 또한 복제 인간은 그들을 창조한 인간과의 관계 속에서 자신의 신분을 인식함을 깨닫게 한다. 부분적으로 그의 교훈은 데커드에게 그가 모든 인간들과 더불어 복제 인간들에게 한 것에 대해 무슨 책임이 있는지를——그가 그들의 인간성을 부정한 것이 무엇에 해당하는지를 가르치려는 의도이다. 그러나 아주 근본적으로 그것은 데커드에게 죽음과의 관계에 관한——그의 죽을 수밖에 없는 운명에 관한——교훈을 가르치기 위해 계획된다. 로이는 데커드가 매순간이 그의 최후가 될지도 모른다고 느끼게 하고, 데커드의 반응은 이 위협으로부터 달아나는 것이다. 그는 상처 입은 짐승 수준으로, 소멸의 위협을 피하려는 얼빠진 시도 이상의 어떤 일도 할 수가 없다. 대조적으로 그를 추적하는 자——유전학적인 결정론에 의해서건 데커드 자신의 총과 쇠지레의 힘에 의해서건 간에 그 자신의 죽음 역시 마찬가지로 임박했음을 알고 있는——는 위협을 향해 뛰어가는 것으로 위협에 반응한다. 그는 데커드를 무력케 하는 바로 그 위협을 가지고 논다. 그는 죽을 수밖에 없는 운명은 형체를 부여받는 일만큼이나 인간이라는 존재에 본질적인 것이기 때문에 진정한 인간성은 그것과의 올바른 관계를 발견하게 한다고 본다.

그것으로, 우리에게는 죽어야 할 운명임에도 불구하고 인간의 삶을 사는 진정한 방법과 진정하지 않은 방법이 제시된다. 데커드의 도주는 이 위협이 편재하는 것임을 인정하지 않는다——마치 로이에게서 도망치는 것이 결국 그가 대표하는 위협으로부터 도망치는 것이 되는 것처럼. 바로 그 위협을 로이는 희롱하듯 대한다. 프리스에 대한 그의 애도는 늑대 울음소리 흉내, 삶과 죽음의 게임이 진행중임을 신호로 알리는 사냥꾼의 배낭을 모방하는 것으로 바뀐다. 그는 무장 안 한 사람에게 발사하는 것을 '그다지 즐겁지 않은 일'로 묘사한다. 공격에 대해 "대단한 기백인데!"라는 외침으로 반응하며, 무엇보다 중요한 것은 그가 데커드에게 단언하는 말이다. "자네 일어나는 게 좋을 거야, 안 그러면 내가 자넬 죽여야만 하거든. 자네가 살아 있지 않으면, 자네가 놀 수 없을 테고, 자네가 못 놀면……."

차라투스트라의 제자들처럼 로이는 나락의 경계에서 춤추며 (세바스찬의 아파트에서) 프리스의 생각하는 유형화된 존재의 옆재주 넘기 연기를 자기 식으로 선보인다. 그의 삶의 가벼움과 우아함은 죽음과 사랑의 소멸을 공포나 병적 흥분 없이 바라보는 그의 능력 속에서 확인된다. 그리고 그는 이것을 데커드에게 가르쳐 주고 싶어한다. 만약에 노는 것이 완전히 살아 있는 것이라면 놀지 않는 것은 산주검 또는 그저 동물적인 존재로 영락하는 것일 뿐이다. 만약 네가 놀 수 없다면 너는 죽을 수도 없을 것이다.

죽음에 대한 데커드의 반응은 확실하지 않다. 죽음이 그 자신의 죽음을 (편재하는) 가능성으로부터 현실로 변화시키기 때문이다. 그것이 그의 인간성을 절멸시키기 때문이다. 그래서 로이는 그에게 가능성과 현실 간의 차이를 가르친다. 그는 데커드(그리고 우리)가 그의 존재의 경계에서 오래 머물도록 자신을 진짜 나락의 끄트머리로 밀어넣어 죽음을 피할 수 없는 것으로 보이게 만든다――그리고 나서 그는 자신을 구한다. 그리고 자신의 죽음의 순간에 자신이 쓸 수 있는 시간을 한껏 즐겼음을 드러냄으로써 그는 그 교훈의 의미를 강조한다.

나는 너희 인간들이 곧이들으려 하지 않을 것들을 본 적이 있어. 오리온 성좌의 어깨에 해당하는 별 너머로 불이 붙은 우주 전함들이 떨어지는 것을 봤어. 나는 탄호이저 게이트 근처에서 어둠 속에서 c형강들이 반짝이는 것을 지켜봤어. 머지않아 그 모든 순간들이, 빗물에 눈물이 씻기듯 사라질 테지. 죽을 시간이군.

그는 불가항력적인 시간의 흐름 속에서 그 무상한 순간을 부정하지 않은 채 그의 삶 매순간을 온 힘을 다해 살아왔다. 그리고 그런 부정은 결국 인간 경험 그 자체의 불가피한 구조를 부정하는 것이 될 것이다. 게다가 그것은 다른 사람들에게 자신의 경험과 기억을 전하고자 하는 인식의 넓이와 깊이가 부족한 것으로 간주될 것이다――마치 사람이 자기 자신보다 더 오래 살 수 있는 것처럼, 마치 의식의 순간들을 양도할 수 있는 것처럼, 마치 죽을 수밖에 없는 운명을 벗어 버릴 수 있는 것처럼. 하이데거는 이 진리를 가장 명료하게 표현하는 것으로 우리 자신의 죽음과 우리의 관계를 이해한다. 그는 그것을 우리의 가장 무관한 가능성으로 기술한다. 어느 누구도 우리를 위해서 대신 죽을 수 없듯이 어느 누구도 다른 사람을 위해서 대신 죽을 수 없으며, 그것이 바로 죽음이 닥칠 때 우리의 죽음을 가장 고유한 가능성으로 만드는 것이다. 로이의 침착하고 감동적인 최후의 발언은 바로 이 진정한 이해를 드러내며, 그것은 인식 그 자체에 대한 절규이다.

　그 외침에 대답할 책임이 바로 데커드에게 부과된다. 그 의미를 인식하는 것은 그것이 무엇을 말하는지를 인식하는 것일 뿐만 아니라 그것이 로이가 최후로 한 말——그의 마지막 순간의 일부, 그의 삶의 증거이자 삶 그 자체의 증거——이라는 사실을 인식하는 것이다. 데커드는 마치 시야를 깨끗이 하려는 듯 눈을 깜박거리고는 로이에게 묘비명을 준다.

　　어쩌면 그는 이전 그 어느때보다도 삶을 사랑했을 것이다. 그가 원한 것이라고는 우리 누구나 원하는 바로 그 대답이었다…… 나는 거기 앉아 그가 죽는 것을 지켜보는 일밖에 할 수 있는 것이 없었다.

데커드는 그를 괴롭히는 인물의 성격이 자신의 성격과 정확히 같을 뿐만 아니라 인간으로서 자신의 죽을 수밖에 없는 운명을 그 마지막 순간에 인식하는 유일한 길은 로이의 죽음이 자기 자신의 죽음이라는 것을 인정하는 일임을 이해한다——히스테리컬하게 그것을 연기시키려 애쓰거나 자제를 잃고 그것을 떠맡으려고 애쓰지 않고 그 죽음을 주시하고 그것을 또 다른 인간, 다른 사람의 죽음으로 주시한다. 이 인식의 진정성은 데커드가 남들을 인식하고 죽어야만 하는 운명을 인식하는 것에 관한 교훈을 얻었음을 보여 준다. 개프 경감의 표현처럼 그는 사나이의 일, 진정한 인간의 임무를 해냈다. 그리고 로이가 데커드에게 남긴 유산은 레이첼의 소생에서 최고점에 이른다. 그녀가 살지 못 할 것이라 유감이다 ――하지만 그렇다면 누구는 사는가?

여담: 감독 완결판

만약 이 생각이 《블레이드 러너》에서의 서사의 기본 방향에 충실하다면 최근의 '감독 완결판'에 포함된 원래의 극장 개봉판에 가한 변경은 그 영화가 갖는 힘의 심원한 원천에서 상당히 떨어져 있음을 인정해야만 한다. 열의를 갖고 만든 희망에 찬 에필로그(그 영화의 사려 깊음에 대한 갖은 혹평에도 불구하고 해피엔드로 만들기 위해서 레이첼에게 보통 인간의 수명이 주어졌음을 '밝히는')와 해설자의 목소리(이따금 그 위트와 시적인 감수성, 그리고 스콧이 여기에서 다시 한 번 공상과학 영화 장르――이번에는 챈들러 식의 필름 누아르로――를 융합시키거나 혼합시키고 있다는 전반적인 확신에도 불구하고)를 제거한 것을 보니 확실히 좋다. 그러나 유일하게 중요한 추가――피아노에서의 데커드의 공상 속에 유니콘 이미지를 복구한 것――는 영화의 중심 쟁점들과의 관련성 자체가 문젯거리가 되는 의문에 대답하기 위한 것으로 일반적으로 받아들여졌다. 이 삽입된 회상 이미지는 개프가 데커드의 아파트에 종이로 접은 유니콘을 놓아두는 것이 (데커드가 레이첼의 기억에 접근하는 것과 마찬가지로) 데커드 자신이 복제 인간이어야만이 설명할 수 있는――이렇게 해서 그 자신이 거짓말 탐지 테스트를 해본 적이 있는지 묻는 레이첼의 냉소적인 질문에 글자 그대로의 의미를 부여하는――데커드의 기억에 접근하기 위해 이용할 수 있는 수단임을 확실히 하기 때문이다. 그러나 영화 자체가 그 중심이 되는 문제들(죽을 수밖에 없는 운명에 대한, 그리고 서로에 대한 인식)과 관련해 복제 인간들과 인간들을 정확히 같은 위치에 배치하기 때문에 데커드의 신분에 관한 그렇게나 명백히 중대한 폭로가 그의 교육의 궤도와 목표에 전혀 아무런 영향도 미치지 못한다. 우리는 그러므로 추가된 장면이나 이미지의 중요성에 대한 우리의 생각을 바꾸는 것이 영화의 주요 관심사임을 관람자들이 알아보는지의 여부를 시험함으로써, 이 추가된 장면이나 이미지 자체를 그것을 짜넣는 영화를 인식하는 그 관람자들의 능력을 시험하는 것으로 생각함이 현명할 것이다.

구도 잡기와 인식

그렇다면 《블레이드 러너》를 리들리 스콧이 《에이리언》에서 시작한 인간 육체의 구현에 관한, 그리고 그 조건과 결과를 억압하려는 (그리고 억압을 극복하려는) 시도에 관한 연구의 연속으로 보기란 어렵지 않다. 《에이리언》에서는 이 연구의 초점을 인류의 번식 충동——그 성행위와 생식력, 그리고 개인 본래의 모습과 자율성이 삶 그 자체의 요구에 예속되는 것——에 맞춘다. 《블레이드 러너》에서는 삶과 죽음 사이의 내적 상관 관계, 육체가 그 죽어야만 할 운명에 개방된 상태, 그리고 그 사실을 인식하는 것과 다른 사람들에 대한 개인의 인식 및 다른 사람들에 의한 개인의 인식에 의존하는 개별 인간의 번영에 초점을 맞춘다. 어떤 니체 철학이 인간 존재를 보는 시각은 삶의 개념을 탐욕스럽고 맹렬한 권력에의 의지, 개인이 제물로 바쳐지는 몰렉으로부터 대단히 질서정연한 우주 안에서의 인간 삶의 번영이 무엇처럼 보일지에 대한 개념으로 움직이며 이 연구를 결합시키려는 것으로 볼 수 있다. 이 동일한 사상적 배경이 《에이리언〉에서 흔적만 남은 종교적, 좀더 구체적으로는 그리스도교적 사상의 존재에 대해서도 설명할지 모른다. 《블레이드 러너》는 그들이 극복하는 것에 투자를 선언하는 듯이 보이기 때문이다. (그리고 훨씬 더 훗날, 인간의 고통이 궁극적으로 구제될 가망이 없는 세계를 결연히 이교적으로 묘사하는 《글레디에이터》는 본질적으로 그리스도교적인 사상에 의해 오염되지 않은 세계를 상상하고자 하는 스콧의 욕망의 한 정점으로 보일 것이다.)

스콧의 공상과학적 우주에서 또 하나의 불변수는 놀라울 것도 없이 과학 기술이다──좀더 구체적으로는 인간 삶의 여러 형태에 그것이 주는 충격을 연구하는 일에 깊은 관심을 갖는다. 사실 《블레이드 러너》의 정신적·육체적 풍경은 '노스트로모'호에서 드러난 인간 삶의 축도와 아주 비슷하다. 외계 이주민들에 의해 뒤에 남겨진 인류의 잔존자들은 햇빛 없는, 그리고 자신들의 과학 기술적 위업에 의해 왜소화된 세계 속에 있는 스스로를 발견한다. 애쉬처럼 복제 인간들은 그 창조자들을 통제하기에 이른 과학 기술의 위협을 구체화한다. 지구상에서 그들의 존재는 마치 그들이 바로 인간이 남긴 것의 정수에 대한 위협을 실증하는 듯 극도로 적개심에 불타는 반응을 요구한다. 그러나 인간이 기술적인 것들 속으로 흡수되거나 그것에 용해되는 그 두려운 미래가 이미 지구의 어린이들에게 나타난다──자전거를 타고 무리지어 미끄러지듯 지나가는 바퀴에서 나는 낮은 쉿쉿 소리에서, 자동차에서 훔친 기계를 두고 도시 어투로 재잘거리는 언쟁에서, 그들의 조그만 머리와 몸통을 둘러싼 비틀어 껴입은 옷에서.

하이데거는 이것을 그가 '기술의 시대'라 일컬었던 풍경으로 인지할 것이다. 그런 시대는 자연계를 인간의 용도──수력 발전을 위한 수원, 종이의 상설 비축물로서의 숲, 잠재적인 에너지의 흐름으로서의 바람──에 맞는 자원과 원자재의 저장고로 본다. 우주까지 확대된 시야는 스콧의 상상력에 의해 외계 탐광과, '노스트로모' 호의 일반 목적과 특별 목적(우주 다른 끝에서 광석을 캐내기 위해, 그리고 무기로 에이리언 종을 징발하기 위해)을 전반적으로 다룬다. 하이데거는 이 자세를 인간이라는 존재가 독특하게 조율된 이해와는 뚜렷이 다른, 자연을 자기 특유의 본질 또는 존재를 가지고 있는 물체와 힘, 살아 있는 존재들 각자의 활동 무대로 인정하고 존경하는 자세와 대비시켰다.

상설 비축물로서의 자연의 파괴적 지배를 나타내기 위해 하이데거가 선호한 용어는 '구도 잡기'——영화를 제작하는 사람들로 하여금 자신의 예술 매체가 다른 어떤 것보다 과학 기술에 의존적이라는 사실을 상기하게 만듦직한 용어——이다. 영화의 물적 토대가 되는 것은 카메라의 기록 능력——카메라 앞에 드러난 세상의 이미지의 자동 생산이자 그 결과로 일어나는 복제물과 스크린에의 영사[6]——이다. 영화가 이 사진에 기초하고 있는 점이 인류의 영원한 판타지의 하나——인간의 주관성이 개입되는 일 없이 세상을 기록한다는 판타지——를 만족시켜 주는 듯 보이기 때문에 영화의 기술적 기초가 인간을 배제하는 쪽으로 나아가는 경향이 있을 수 있음을 상상하기란 어렵지 않다. 그러나 엄밀히 모든 영화감독의 역할은 세상을 화면에 짜넣는, 자신의 영화에서 각 화면을 만드는 데 넣을 것과 뺄 것을 계획하는 책임을 지는 것이기 때문에 카메라를 예술적인 용도로 활용하려는 감독의 시도는 인간적 견지에서 위협적인 기술과학 시대의 심장부에서 인간적 번영의 가능성을 찾으려는——저 내부로부터의 위협을 타파하려는——시도로 보일 수 있다.

인간을 짜넣기 위해서 카메라를 조작할 때 우리는 이 쟁점들이 극도로

---

6) 이것은 《관람되는 세계》(Harvard University Press: Cambridge Mass., 1971)에서 스탠리 카벨의 성격 묘사에 대해 해석한 것이다.

악화되기를 상당히 기대할지도 모른다. 인간이 카메라 앞에 위치할 때 결국 스크린 위에 투영되는 것은 그 인간적 기원(起源)에 관한 것이지만 동시에 분명 그것과 아주 동일하지는 않다. 하나의 물체 사진은 그 물체 자체는 아니지만, 사진 속에서 우리가 보는 것은 사진으로 찍은 물체가 틀림없다. 확실히 그 둘의 어떤 구체적인 세목이 다른지 인지하기란(어떤 것을 다른 것과 비교하여, 갖고 있거나 부족한 특징을 이름 붙이기란) 결코 쉽지 않다. 그래서 이런 의문이 생긴다. 카메라 피사체의 인간성은 그것의 영화적 전사 또는 변형에 의해서 보존되거나 파괴되는가? 요컨대 영화에서 인간은 어찌 되는가?

이 의문이 《블레이드 러너》에 본질적이라는 것——이 영화는 부분적으로 그 피사체를 영화의 조건으로 받아들인다는 것——을 이해하기란 어렵지 않다. 도시 경관(景觀)을 너머 타이렐 사 빌딩으로 향하는 카메라의 긴 여행에 깜박거리지 않고서 모든 것을 보고 있는 하나의 눈을 클로즈업한 대조적인 장면들이 삽입되는 영화의 오프닝 장면에서 주제가 공표된다. 그리고 스크린 위에 있는 것을 반사하지만 그 영화에서 나오는 등장 인물들은 하나도 확인되지 않는 눈은 다만 관람자가 세상을 보는 눈——카메라와 그 감독의 눈——일 수밖에 없다.

블레이드 러너가 앞에 있는 스크린에 다른 블레이드 러너가 영사한 복제 인간들의 사진과 레온의 처형 기록을 주시하며 어두운 방에 앉아 있는 것이 보일 때 이 영화의 감독과 데커드 간의 동일시는 더욱 확고해진다. 그것은 그가 클로즈업해 줄 것을 요구하고 (마치 그가 바로 그 방 안에 있는 듯이) 사진으로 찍은 방 안 화면들을 탐색하는 것이 보이는 그의 아파트에서 텔레비전 수상기를 사용해 조라의 아파트 사진을 분석하는 것에 의해 확인된다. 그것은 그가 직업적으로 거짓말 탐지기——명백한 카메라 대용물——와 관련됨으로써 공공연한 것이 된다. 그리고 물론 그가 이 기계의 파인더를 통해서 응시하는 것들은 복제 인간들——카메라의 응시에 의해 발견되거나 없는 것으로 간주되는 인간의 복제물, 그 인간 자격이 의심시되는 인간 같은 존재들——의 얼굴이다.

이런 관련은 카메라의 주목을 받는 것이 인간 피사체에게 치명적임을 암시하는가? 또는 오히려 카메라가——아마도 바로 그것이 인간의 주관성을 거부하기 때문에——그 앞에 놓인 그것들의 인간성을 부정할 수 있듯이 그것을 확인할 수도 있음을 암시하는가? 《블레이드 러너》는 적어도 거짓말 탐지기를 통해서 만큼이나 자주 총의 포신을 따라 사물들을 바라보는 것으로 그 대리 감독을 보여 주기 때문에, 우리는 영화가 과학 기술의 죽음을 초래하는 물건을 카메라와 동일하게 생각한다고 말할 수 있을지도 모른다. 그러나 여기에서조차 결국 영화는 데커드의 총이 할 수 있는 일과 그것이 실제로 한 일을 구별한다. 다른 복제 인간들을 회수하기 위해서 그가 그의 아파트에 있는 레이첼에게 돌아왔을 때 그는 총으로 그녀의 덮개를 벗겨냄으로써 그녀를 부활시키기 시작한다.

이것은 우리에게 비록 카메라가 (총처럼) 인간성을 부정하는 고유의 능력을 갖고 있다 하더라도 그것은 그것을 인정하고 확인하는 데 사용될 수 있다고 말한다. 문제는 그것이 사용되는 방법이다.

영화 속에서 어느 정해진 인물의 인간성이 드러나려면 다른 인물들에 의해 인식되어야 하는 것과 마찬가지로 카메라의 응시 앞에 위치한 어떤 사람의 인간성이 드러나는 것은 거기 종사하고 있는 감독에 의해 결정되는 것이 아니다. 그는 피사체를 복제 인간들이라고 생각되는 것, 인간의 모조품으로 바꾸거나, 데커드가 레이첼을 다루는 것을 배우듯 그들의 주관성을 현실화하고 보존할 수 있다. 따라서 영화에서 어떤 인식의 실패는 감독의 책임, 그 자신의 인간성의 실패이며, 이 점에 있어서 성공하느냐 실패하느냐의 여부는 그가 만든 각 영화에 대한 평가를 제쳐두고 예상할 수는 없다. 그러나 그가 성공할 때라도 그 성공이 영화의 관람자들에 의해 인지된 것만큼이나 쉽게 부정될 수 있다──예를 들어서 그의 영화가 단지 포괄적인 습작이라거나 그저 또 하나의 할리우드 초대작(超大作) 영화라고 사전에 추정함으로써.

《에이리언》은 《블레이드 러너》보다 영화의 특징에 관한 이들 질문에 훨씬 더 무관심하다고 하겠다. 그러나 그것은 영화를 하나의 매체로 이해하는 일의 중심에 있고, 《블레이드 러너》에서 이야기된 반성적 쟁점들과 곧 알아볼 수 있을 정도로 관련되며, '에이리언'의 우주를 미래에 개발하는 것에 관해 대단히 결정적인, 하나의 쟁점에 대한 본질적인 설명을 제공한다. 인간 피사체를 변화시키는 카메라의 불가사의한 힘의 한 국면은 그것의 응시가 어떤 배우들은 스타로 만들고, 다른 사람들은 결코 그런 상태에 이르지 못하게 하는──외관이 숙명이 되게 하는──예측할 수 없지만 부정할 수는 없는 점이기 때문이다. 그리고 본질적으로 예측할 수는 없지만 막연히 납득할 수는 있게 점차적으로, '노스트로모' 호의 승무원들로부터 리플리가 인간 주인공이자 《에이리언》의 영웅으로 출현하는 것이 바로 그 경우이자 시고니 위버가 (리들리 스콧의 카메라의 응시 아래에서 아직은 비교적 형태를 갖추지는 못했으나 이미 독특한 인상과 그녀가 맡은 인물과 그 인물의 파란만장함이 복잡하게 상호 작용함으로써) 스타덤에 이르게 되는 일에 대한 신화적인 설명이기도 하다. '에이리언' 시리즈의 다른 영화들은, 이 설명이 불가능한 불확실하지만 부정할 수 없는 현상의 전말을 기술하는 일에 점점 더 사로잡히게 될 것이다.

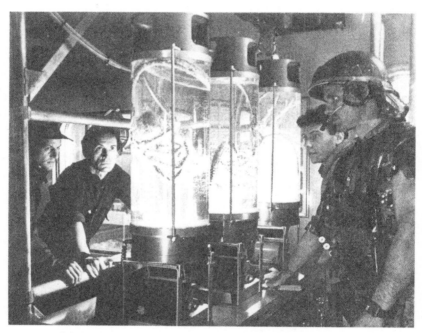

《에이리언 2》ⓒ 20세기 폭스사, 1986, 롤랜드 그랜트 기록보관소.

2

아이 낳기
제임스 카메론의 《에이리언 2》

모성애의 종말

제임스 카메론의 첫 영화 《터미네이터》는 그 창조자들로부터 생존의 위협을 받고(이 종족의 '아버지'인 자기 인식 전략 방어 컴퓨터, 스카이넷의 플러그를 뽑으려고 함) 그들을 절멸시키려는 것으로 반응——처음에는 핵전쟁으로, 그리고 나서는 계획적 대량 학살로——하는 기계 종의 의도하지 않은 진화에 의해 인류의 미래에 제기된 위협에 관한 것이다. 성공한 인간 저항 세력의 지도자를 낳을 여자를 죽이려고 기계가 시간을 거슬러 인공 지능 유기체를 보낸다. 그리고 영화는 그 여자를 보호하기 위해 저항군 지도자가 보낸 저항군과 '터미네이터' 간의 계속되는 싸움을 그린다. 영화 후반부에 가면 사라 코너는 능력보다 부진한 식당 종업원이자 자신에게 맞지 않는 남자들을 무턱대고 신뢰하는 데이트 상대에서 그녀를 보호해 주던 자가 죽은 후에도 터미네이터를 끝장내는 능력 있는 어머니로 변화되어 있다. 그녀는 지금 그녀의 뱃속에서 자라고 있는 아기에게 미래의 군인으로서의 역할을 가르쳐 준비시키는 임무를 맡아, 장비를 갖추고는 차를 몰고 사막으로 들어간다.

그들이 계획한 후속편의 책임을 맡기에 카메론이 적합한지 증명하기 위해 특별히 제작되었을 초대장 또는 홍보 영화로 이 영화를 주목하는 '에이리언' 시리즈의 제작자들을 상상하기란 어렵지 않다. 《터미네이터》는 카메론이 공상과학 영화 분야에서 상상력 넘치는 숙달을 보여 주는 한편 전통적으로 남성이 우위를 점하던 이 장르의 중심에 강한 여성 인물을 두는 발상에 편안해 함을 보여 준다. 그는 그 존재가 인류의 미래를 위협하는 진화론적으로 우월한 종족을 나타내는 '악당' 을 창안해 내었다. 그리고 그는 생존과 번식, 성별과 여성의 생식력의 문제에 명백히 초점을 맞추는 주제를 갖는 구성으로, 이 두 주인공들간의 결투를 구현했다. 게다가 《터미네이터》는 리들리 스콧의 《에이리언》이 특별히 필요로 하지 않았던 한 가지 독특하고 매우 높이 평가되는 특성——격정적이고 폭력적인 액션 장면들을 부드럽게 점증적으로 이어 주는 적절한 진행 속도와 추진력 있는 줄거리를 갖고 있다. '에이리언' 이야기에서 다음 단계를 맡아 줄 것을 카메론에게 요청하는 것은 틀림없이 필연적인 것——그 감독과 주제가 서로를 위해서, 서로의 인연 또는 숙명을 위해 만들어졌음을 인식하는 것——에 머리를 조아리는 것처럼 보였을 것이다.

카메론과 스콧 사이의 상상력 넘치는 감정 이입은 사실 《에이리언》에서의 후자의 작업을 넘어서 《블레이드 러너》의 특이하게 인간적인 존재에 대한 그의 더 나아간 탐구로까지 확대된다. 물론 《터미네이터》의 이름의 시조가 되는 악한(영화의 등장 인물들에게 있어서도, 관객들에게 있어서도)이 유발하는 특별히 강력한 공포는 그것의 특이한 성질(티타늄 합금 전투 포좌(砲座)를 올려놓는 장치를 싸고 있는 피와 살)이 그것으로 하여금 독특하게 죽음을 다루고 그것 자신의 죽음의 위협을 다룰 수 있게 만든다는 사실에 감응하는 것이 아니라, 오히려 그것이 죽음이라는 사실에 감응하는 것으로 이해된다. 터미네이터는 구체화되고 현실화된 죽음 그 자체이다. 단지 그 존재가 죽음을 가져온다. 그것은 죽음을 야기시키는 것 외에는 아무런 흥미나 감정·목적도 없다. 그리고 그것 자체는 죽음을 당할 수 없다. (죽음은 죽을 수 없다.) 저항군 카일 리스의 표현처럼 "그것과는 흥정을 할 수가 없고, 그것을 설득할 수도 없다. 연민이나 회한, 또는 공포를 느낄 수도 없으며, 정말이지 당신이 죽어야만 그것은 비로소 멈출 것이다."

하이데거가 사람에게 대단히 고유하며 아무런 상관 관계가 없고 벗어날 수도 없는 가능성으로 죽음의 성격을 묘사한 것이 쉽게 터미네이터의 청사진이 될 수 있었을지도 모른다. 그것은 특정한 개인을 죽이는 일에 몸바치려고 프로그램된다. 그녀와 같은 이름을 가진 사람들(터미네이터가 먼저 죽인 두 명의 다른 사라 코너)의 죽음도, 그녀와 그것 사이에 끼여 보려고 하는 사람들(경찰, 리스)의 죽음도 어떤 대용물이 되지 못한다. 따라서 결국 사라는 도움을 주려던 사람들과 친구들을 빼앗기고, 도망친다고 해도 터미네이터에게서 지적으로든 물리적으로든 벗어날 수 없음을 입증한다. 죽음은 미래의 일, 즉 우리 삶이 때맞춰 연장됨에 따라 점차적으로 또 예상할 수 있게 우리를 향해 다가오는 무엇이라는 위안은 되지만 근거 없는 생각은 현재 우리 삶의 어느 순간으로라도 뛰어들어 혼란에 빠뜨리는 터미네이터의 능력에 의해 제압당한다. 그리고 그것이 그렇게 뛰어들어 오면, 일단 그것의 시선의 표적이 되면 차로건 달려서건 기어서건 그것으로부터 벗어날 수가 없다. 사라는 자진해서 그녀의 터미네이터와——로봇을 이용하는 금속 압착기의 쇠지레에 의해 인간 변장이 벗겨져 나간 티타늄으로 된 죽음의 얼굴과——정면으로 맞서지 않는다. (그리고 카메론의 첫 영화에 대한 속편은 그녀가 압착기로 터미네이터를 분쇄하는 것을 그녀가 자신의 죽음을 극복하는 것으로 이해해야 하는지, 혹은 터미네이터가 그녀의 삶과 인류 자체의 삶을 살게 되는 것으로 이해해야 하는지에 대해서 할 말이 많을 것이다.)

물론 이 점에 있어서 사라 코너는 다른 인간과 다를 것이 없다. 만약에 터미네이터가 죽음이나 인간의 죽어야 할 운명만을 의미한다면, 우리는 우리 삶의 어느 순간에라도 나타나 우리를 친척과 친구들로부터 격리시키고, 우리 개별 존재의 본질적인 불필요성에 직면하게 할 수 있는 우리 자신의 터미네이터를 각자 갖고 있을 것이다. 하지만 사라 코너는 좀더 특별한 이유, 곧 여자로, 특별한 여자로 선택된 이유로 해서 그녀의 터미네이터의 과녁이 된다. 그녀는 기계들을 절멸시키고, 그리하여 인류의 생존을 지켜낼 인간 남자를 낳을 것이기 때문에 죽여야 한다. 다시 말해서 그녀의 죽음은 일종의 사전(또는 소급이라고 할까?) 유산인 셈이다. 그리고 여성으로서의 그녀의 생식 능력은 바로 인류의 생식 능력을 의미하기 때문에 그 일이 요구된다. 그녀가 어머니가 될 수 있는 능력은 인간이 스스로 번식할 수 있는 능력, 우리가 미래를 갖게 됨을 상징한다.

그렇다면 사라 코너가 여성성의 긍정적이고 능력을 부여하는 비전을 예증해야 하는 분명한 의미가 있다. 그녀는 인간성 그 자체의 전형이며, 그녀의 생식력은 인간 역사를 계속해서 미래로 열어 놓을 것이다. 그리고 이 지식을 받아들이는 일이 처음에는 그녀를 당혹스럽게 하지만, 영화에서 그녀의 성격은 일종의 자급자족을 향한 진정한 성장을 나타낸다. 공격 및 방어 수법(육체적으로나 정신적으로나)을 몸에 익히며, 그녀는 혼자 힘으로 터미네이터에 도전하고 그녀의 미래의 아들과 인류 자체에 대한 책임을 떠맡을 힘을 얻기 때문이다. 이 점에 있어서 《터미네이터》는 여성 전사를 창조해 내는 일을 거행한다.

그러나 또 한편 이 이야기에서 사라를 핵심 인물로 꼽는 것은 그녀를 한 사람의 개인으로 참가하지 못하게 하는 것이기도 하다. 물론 인류에 대한 그녀의 가치가 그녀 자신보다는 오로지 그녀가 낳게 될 남자에게 향하는 한, 그것은 그녀의 자식——그것도 남자아이——에게 향하는 것이다. 그녀의 여성성은 오직 수단으로서만, 곧 남성성을 번식시키는 수단으로서의 가치만 있다는 이 기저에 있는 의식은, 영화가 시간의 순서를 와해시킴으로써 가능하게 만드는 인과율의 전위에 의해서 강화된다. 사라가 리스를 얻는 것(그래서 자기 방어뿐 아니라 그가 전하는 생존 및 모성애에 대한 교육도)은 사라가 낳게 될 저항군 지도자인 그녀의 아들 존이 그녀에게 그를 보냈기 때문으로 판명되기 때문이다. 그리고 리스가 그녀 아들의 아버지로 운명지어진 것이 드러난 이상, 영화는 존 코너에게 자기 자신의 탄생을 위임할 권한을 주는 것으로 끝난다. 그는 자신을 낳을 때까지 그의 어머니가 생존하는 데 필요한 것을 제공할 뿐 아니라 그의 아버지가 될 사람 역시 선택(하고 그의 어머니와 맺어지게)한다. 과연 그들의 결합이 그를 임신하게 할 뿐만 아니라 그의 어머니가 인류의 영웅이 되도록 그를 키우는 데 필요한 확신과 기술을 습득하게 하는 까닭에 우리는 존 코너가 자신의 가족과 자신의 탄생(사라와 카일이 전사의 어머니와 전사의 아버지로 [재]탄생하는 것)뿐만 아니라 그의 삶과 그에 따른 자신의 모든 면의 창조자라고 말할 수 있다.

익숙한 인간 가족 구조의 이 기상천외한 전위 내에서 사라 코너는 남자들 사이의 복잡한 관계를 점점 더 거스르거나 받아들이는 듯이 보이게 된다. 한편 과거에 대한 존 코너의 선견이 그로 하여금 카일 리스에게 그를 자신의 아버지로 만들 임무를 부여하도록 하는 것이나, 카일의 관점에서 볼 때에는 같은 임무가 그로 하여금 그의 영웅의 역사에 자기 자신을 써넣도록 한다. 그는 핵전쟁 이후의 인류의 미래에서 그가 가장 흠모하는 사람의 아버지가 될 수 있게 된다. 그것으로 그는 즉시 인류 최후의 전사에 대한 그의 사랑 대신 들어선 이성애적 표현 방법과 그가 아버지가 되는 아들이, 그가 바랄 수 있었을 바로 그 아들이 될 것을 확실히 할 수단——즉 여성의 생식력과 예측 불허의 사건들의 기여에 대한 부권

고유의 개방, 우연에 대한 부권의 개방, 그리고 그런 개방에 수반되는 통제의 상실로부터 부권을 격리하는 것——을 발견한다.

물론 사라가 남자들간의 이 거래 안에서 독립적으로 행동할 여지가 전혀 없는 것은 아니다. 그녀에 대한 사랑 고백이 자신의 뜻이 아니라고 말하려는 카일의 (틀림없이 마지못한) 시도를 받아들이지 않는 사람은 바로 그녀이며, 이렇게 해서 그녀는 존 코너를 임신하게 되는 성관계를 하게 된다. 그리고 그 고백에서 카일은 원래는 그가 그녀의 사진 속의 얼굴 표정 때문에 사라와 사랑에 빠지게 되었다고 주장한다. 카일은 그것으로 《터미네이터》를 러브스토리, 즉 첫눈에 반한 사랑과 그 사랑을 이끌어 낸 여자에 의해서 유발된 시간을 가로지르는 추구로 제시하고자 한다. 한편 그가 그 사진 속의 사라를, 그러니까 사라 자신을 처음 보게 되는 것은 존에 의해서이다. 그리고 영화의 마지막 장면은 그 사진이 바로 그녀가 카일 그 사람과 그들의 하룻밤 사랑을 생각하고 있는 표정을 포착하고 있음을 드러낸다. 다시 말해서 그는 그녀의 눈 속에서 그들 사랑의 정점을 보며, 따라서 이미 그녀로 해서 사랑에 빠져 있는 자기 자신을 본다. (그리고 그가 그의 사랑을 고백함에 있어 어떤 위험도 제거——거절이나 상호 작용의 부재 가능성의 제거와 따라서 사라의 자율성, 그녀의 타자성의 제거——된 것을 본다.) 그리고 그는 또한 이미 그녀 안에서 살아 있는 그의 사랑하는 아들도 본다. 요컨대 그가 이 사진에서 본 것은 원래 사라가 아니라 그와 그의 자식이고, 그는 그녀에게서 남성의 성적 능력, 부권과 가부장적 가족 구조의 자기도취적 판타지의 극치를 본다.

사라의 사진은 사랑의 징표라기보다는 오히려 남자들간의 관계에서 그녀의 명목적인 역할의 표현이라는 이 의미는 영화의 가장 혼란스러운 장면 중 하나에 속하는 그 위치에 의해 확인되는데, 거기에서 사라——터미네이터가 경찰서를 파괴함으로써 편집증 환자로 본 카일에 대한 진단이 잘못된 것임이 증명된 직후이자 그들의 성행위 직전에 카일과 함께 다리 아래 숨어 있는——는 잠입한 터미네이터에 의해 카일이 살해되는 미래의 일을 꿈속에서 보는 것으로 나타난다. 사실 그 꿈은 카일이 미래에 그의 이전의 삶에 대해 서술하는 것으로 시작되고 지속되기 때문에 사라가 그녀의 미래의 애인의 말을 실현하여 그 속에 담긴 어떤 의미를 밝힌다고 말하는 것이 더 정확할 것이다. 그리고 그녀가 실감하는 것은 그가 죽는 광경으로 그가 그녀의 사진을 주시하고 있던 직후에 일어나고, 죽어가는 그의 눈앞에서 그 사진이 화염에 타고 있는 것으로 끝난다. 미래의 그 시점——즉 그가 사라의 시대로 되돌아오기 전——에서 카일의 죽음은 존 코너의 아버지의 죽음에 해당하며, 따라서 결국 존 자신은 결코 태어나지 않게 될 것이다. 이것은 영화 줄거리상 보호자이자 교육자의 의미를 넘어서는 카일 고유의 중요성을 상기시키는 유익한 것이다. 하지만 그 장면은 또한 그를 이야기에서 제거하는 것은 사라가 결코 존의 어머니로 재탄생하지 못하게 될 것이며, 따라서 그녀의 죽은 애인과 태어나지 않은 그의 아이를 생각하고 있는 동안 사진 찍히는 입장에 놓이게 되지 않을 것을 의미하게 됨을 분명히 한다. 그러므로 그 사진을 파기하는 것은 그녀의 주요한 역할이 카일의 애인이자 존의 어머니라는 신호가 된다. 그들의 존재가 터미네이터의 치명타에 의해 태워 없어질 때 그녀가 갖는 의미는 사라져 버린다.

이 사진이 통용되는 공간적으로나 시간적으로 또 정서적으로 바뀌어 놓인 가족 구성이 아주 생소하지는 않음에 주목할 가치가 있다. 그 가장 분명한 문화적 선례가 그리스도교의 핵심인 성가족에 있다. 거기 역시 한 명의 남자 자손이 있는데, 그의 임박한 탄생이 수호천사에 의해 고지되고, 그의 이름 머리글자가 J. C.이며, 또 그의 운명이 인류의 구세주가 되는 것이다. 그리고 이 아이의 신성이 그리스도교 하느님의 삼위일체의 구조에 관여한다고 가정하면 우리는 그 역시 자신의 가족과 자기 자신을 탄생하게 만들 사람들을 창조한다고 말할 수 있다. 사실 카메론의 (후 또는 어쩌면 전) 핵가족은 동정의 징후를 이 가족의 어머니로부터 아버지에게로 옮겨 놓는다(카일의 사랑 고백은 그의 이전의 독신 생활을 구체적으로 표현한다). 그러나 오히려 이것은 단순히 이 가족의 대리 아버지로서의 카일이 이 점에 있어서 성가족의 대리 아버지인 요셉을 닮았음을 나타내는지도 모른다. 그렇지 않으면 카메론이 사라를 그 가족의 어머니로 묘사한 것은 그리스도교에서 마리아(따라서 여성)의 입장——일시적인 주인, 본질적으로 남성적인 우주 신성의 원칙 사이, 또는 안에서 창조적인 처리를 위한 전달 수단 또는 매체로서의 여인——을 정의하는 것으로 일반적으로 생각되는, 외견상으로는 구심을 이루지만 궁극적으로는 주변적인 조합을 아주 인상적으로 재현하는 듯 보인다. (여기에 그 영화에 교묘히 숨겨져 있는 종교적인 차원으로 나아가는 지침이자 《에이리언》의 논리와 만나는 또 다른 의미가 있다.)

그러나 우리는 사라의 사진이——바로 그 성격상——우리로 하여금 영화 매체의 물질적 기반이 사진이라는 것, 따라서 《터미네이터》에서 사진이 갖는 의미의 범위는 카메론이 그가 작업을 시작하려고 하는 매체의 성격에 대해 심사숙고하는 수단으로 작용할 수 있을 것이라는 생각을 하게 만든다는 사실을 간과해서는 안 된다. 여기에서 몇 가지 생각이 유래한다. 첫째, 만약에 사라의 사진이 그것이 나타나는, 그리고 부분적으로 그 사진들의 장면들로 이루어진 영화에 대한 제유(提喩)라면 궁극적으로 그것에 대한 책임이 있는 사람——그 화면 구성과 배치, 그리고 영화 매체의 상징인 그 외양——은 그 영화감독이다.

이것은 사진이 찍히고, 보관되고, 그 이름의 머리글자가 J. C——영화에서는 결코 보이지 않지만 영화에서 묘사하는 사건의 궁극적인 장본인으로 영화가 제시하는 인물——인 등장 인물에 의해 대단히 열심인 관람자에게 전해지는 사실에 의해 확인된다. 과연 이 영화가 존 코너가 자신이 탄생할 권한을 부여하는 것을 기록하듯이 우리는 그 영화 자체를 제임스 카메론이 영화감독으로서의 자신을, 지금 이 영화가 그의 (진지한 작품) 전체를 구성하는 어떤 사람으로서의 자신을 창조하는 것으로 생각할 수 있을지도 모른다. 그리고 만약 이 해석(그 영화가 더 나아가 신과 대등하게 놓는 영화감독과 등장 인물의 등식에서)이 카메론에게 있는 어떤 지나친 오만을 암시한다면 그것은 또한 이 사라의 사진이 하나 이상의 미래를 갖는 것으로 상상되는 것 역시 상기시킨다. 하나는 그것이 사진 자체가 묘사하는 현실을 가능하게 만들고, 특정한 구원——말하자면 만약 그렇지 않으면 단순히 상업적인 것으로 격하될 매체를 갖고 진정한 인간성을 다시 획득하기에 이른다. 다른 것은 (꿈이나 악몽의 미래) 그것이 불타 버려 그 존재가 시간과, 좀더 자세하게는 그것이 없으면 영화 예술로서는 상상조차 할 수 없을 바로 그 기술의 예견할 수 없는 발전에 의해 진행 초기에 중지된다. 사람들은 심지어 이 꿈을 영화 매체에 있어서의 기술적 진보가 감독으로서의 그의 미래의 이력을 발전시키고 평가함에 있어서 갖게 될 근본적인 중요성에 대해 카메론이 예언자적으로 자각하고 있음을 보여 주는 것으로 생각할지도 모른다.

두번째 생각은 이 사진이 영화에서 시간과 공간의 불가피한 왜곡이 그 가장 심오하고 암울한 표현을 발견하는 꿈 장면의 중심에 있는 자신을 발견하는 사실로부터 시작한다. 그런 왜곡들은 물론 공상과학 영화——시간 여행의 본향——에서는 흔히 있는 일이다. 그러나 이 영화가 그 중심이 되는 상징을 배치하는 것만으로 이 낯익은 일반 수단이 영화 매체 그 자체의 성질에 내재하는 무엇인가를 개척함을 암시한다고 생각할 이유가 있는가?

여기에서 우리는 이 책의 앞장에서 만났던 존재론적 질문으로 되돌아
간다. 사진 속의 물체와 물체 자체는 정확히 어떻게 다른가? 스탠리 카
벨은 어떤 물체의 사진은 그것을 그린 그림이 그렇듯이, 그 물체를 시각
적으로 묘사한 것이 아니라(그것은 그 물체를 나타내지도 그것의 외관을
그리지도 않는다) 오히려 그것을 시각적으로 전사한 것이라고 주장했다.[1]
그러나 그것은 녹음이 어떤 물체의 소리를 전사한다고 이야기할 수 있는
방식으로 어떤 물체의 광경이나 외관, 또는 상황을 전사하는 것이 아니
다——근본적으로 광경은 특별한 사건이거나 물체 그 자체(오로라나 그
랜드 캐니언)이기 때문이다. 우리가 무엇을 관측할 때 우리가 보는 것은
어떤 물체의 광경이 아니라 물체 그 자체이다. 물체가 소리를 갖고 있다
거나 소리를 만들어 낸다고 말할 수는 있지만, 광경을 갖는다거나 만들
어 낸다고 말할 수는 없다. 따라서 물체 자체에 미치지 못하는 사진치고
제대로 된 사진이란 없다. 게다가 린다 해밀턴의 사진은 린다 해밀턴의
실물이 아니다.

　카벨이 이 명백한 역설을 해결하는 방법은 우리가 의심스러운 가설
——사진이나 영화 속의 물체는 구체적으로 열거할 수 있는 점에 있어
서 실물과 다름에 틀림없다는, 즉 그 물체는 실물에는 없는 특징을 갖거
나 갖지 않았다는——을 가지고 이 부정할 수 없는 차이에 대한 문제에
접근하고 있음을 제안하는 것이다. 우리는 기준을 명시함으로써, 그들간
의 구체적인 차이를 결정함으로써 실물들을 서로 구별할 수 있다. 그리
고 우리는 같은 기준을 이용하여 사진이나 영화 속의 물체들을 구별할 수
있다. 하지만 우리가 실물과 사진 속의 물체들을 그런 식으로 구별할 수
는 없다. 사진으로 찍은 물체와 물체 그 자체를 구별할 기준은 없다——

---

1) 《관람되는 세계》, 제2,3장 참조.

사진이나 영화 속의 린다 해밀턴은 살아 있는 린다 해밀턴과 구체적인
점(눈동자 색깔? 키? 달리는 모습?)에 있어서 조금도 다르지 않다. 이것은
우리가 그것들을 구분하지 못한다는 의미가 아니다. 시각적인 차이에 의
해서 구별이 이루어지는 것이 아니라 우리가 그것들에 대해 갖는 서로
다른 관계에 의해서 상술되어야 한다는 의미이다.

　여기에서 연극의 등장 인물들과 우리의 관계를 비교하는 것이 유용하
다. 카벨의 말에 의하면 그 등장 인물들은 우리 같은 인간들과 어떤 구체
적인 점에서는 다르지 않지만 그들에 대한 우리의 관계는 다르다. 좀더
엄밀하게 우리는 연극의 등장 인물들과 같은 시간 속에 우리 자신을 둘
수 있는(그 결말에 대한 우리의 지식도 이미 일어난 일이 그들의 운명을 받
아들이게 한다는 가정도 개입시키지 않은 채 연극에서의 사건이 그 등장 인
물의 삶의 현재 순간으로 제시하는 매순간과 만날 수 있다) 반면에, 우리와
그들이 같은 공간을 점유할 수는 없다(우리의 입장에서 그들의 입장으로
가는 길이란 없다. 우리는 그들과 직면하고 있지 않다). 대조적으로 사진이
나 영화를 관람하는 사람들은 사진으로 찍힌 물체나 사람과 시간도 공간
도 공유하지 않는다. 그것들은 육체를 갖춘 존재로 존재하지 않으며, 그
물체가 카메라에 포착된 순간 그것들이 존재하게 되는 것도 아니고, 그
것들에 의해 존재하게 될 수도 없다(우리에게 책임이 있는 것이 아닌 우리
의 부재가 기계적으로 확인된다). 간단히 말해서 사진의 세계는 지금 존재
하는 것이 아니(며 할 수도 없)다.

　사진 속의 실체가 나에게 존재하는 반면, 나는 그것에게 존재하지 않는
다. 그리고 내가 알고 보는, 그러나 그럼에도 불구하고 내가 존재하지 않
는 (비록 나의 자기 본위 탓이 아니더라도) 세계는 지나간 세계이다. 영화를
관람하면서…… 나는 내가 확인해야만 하는 일어나고 있는 어떤 것에 존

재하는 것이 아니라 일어났던 무엇에 존재하는데, 그것을 나는 (기억처럼) 흡수해야 한다. 이 점에 있어서 영화는 이야기 자체의 소리에 반영시킨 사실인 과거 시제로 된 소설을 닮았다.

카벨, 《관람되는 세계》, Cam., Mass.:
Harvard University Press, 1971, pp.23, 25-6.

만약 이것이 옳다면, 미래의 사회·기술적 장치를 투영함에 있어서 공상과학 장르와 영화 매체의 성질 사이에 마찰이 있는 것으로 보일지도 모른다. 그 이야기——미래에 배치된——가 아직 일어나지 않은 일로 제시될 때, 일어났던 어떤 일의 이야기를 영사하는 것에 대해 일시적으로 혼란스럽고 방향 감각을 상실한 듯한 무엇인가가 없기 때문인가? 그것은 그런 영화들을 관람하는 경험을 앞으로 올 일——그리고 그것은 무엇과 같을까?——에 대한 기억을 흡수하는 것으로 만들지 않을까?

이것이 《터미네이터》에서 그 중심이 되는 두 인간 주인공들이 하는 경험의 기본 형태이다. 카일이 사라에게 말하는 모든 것은 그녀와 그, 인간의 미래에 관한 것이지만, 그는 그것을 기억으로부터 기술한다. 그녀의 아직 태어나지 않은 아들로부터 그녀에게 전해진 그의 중심 메시지는 그가 명심해야만 했던 것임을 그는 분명히 말하며, 그의 모든 행동에 동기가 된 그녀의 사진은 머지않아 일어날 그녀의 삶의 한순간을 기록한다. 사라에게 있어서 그 사진이 찍히고 그녀에게 주어질 때 그 피사체들——그녀 자신과 카일에 대한 그녀의 사랑, 그리고 그녀의 아들——은 즉각 과거 속으로 이동한다. 그러나 그 다음에 그녀는 그 사진 속에 구현된 대로 카일과 그녀의 아들의 기억에 대한 그녀의 기억에 의해서 그 특징이 구술되는 미래로 돌진한다. 이 점에 있어서 카메론이 사라의 사진을 그의 이야기 중 시간과 공간상 가장 강렬한 전위가 이루어지는 심장부에 둔 것은, 그가 자신이 감독하고 있는 영화가 미래에 관한 영화가 갖는 가능성의 기본 조건을 (그 뒤바뀜을 창조하고 교환하는 시간 여행의 이야기를 통해) 연구하고 있다는 사실에 대해 의식하고 있음을 의미한다.

등장 인물로서의 사라의 조건은 이렇게 관람객으로서의 우리의 조건과 비슷하다. (카일이 사라를 발견하기 전, 부서진 자동차 안에서처럼) 자기 혼자서 상상한 것이든 그녀에게 이야기해 준 것이든 그녀처럼 우리는 오직 미래에 대한 카일의 기억을 통해서 미래를 본다. 그러므로 우리처럼 그녀는 마치 그녀의 미래를 기억하는 듯이 과거와 같은 방식으로 결정되거나 예정된 미래를 제시받고, 또 살지 않을 수 없음을 느낀다. 그리고 미래에서 그 알 수 없음, 그 열린 상태를 제거하면 무엇이 남는가? 미래를 알게 됨에 따라, 또 그 미래가 어떨지에 대해 얼마간의 통제력을 갖게 됨에 따라 그것에 의해서 우리 스스로에 대한 우리의 이해에는 무슨 손상이 가해지는가? 우리 개인과 자유에는 무슨 일이 일어나는가? 세상은 어떻게 되는가? 핵무기로 인한 임박한 세상의 종말이라는 영화의 마지막 이미지는 낙관주의를 조장하지 않는다.

사진에서부터 뻗어 나간 생각이 이르는 결론의 한 경향을 주목해야 한다. 물론 그것은 전사 아들의 전사 어머니로 재탄생하는 순간의 사라 코너의 사진으로, 말하자면 스타로 탄생할지도 모르는 순간의 린다 해밀턴의 사진이다. 용모, 작중 인물, 그리고 감독이라는 독특한 결합이 그녀의 영화적 변모의 궤적을 어떻게 결정할 것인가? 제임스 카메론이 이에 대답할 것이다.

거듭 반복되는 가족의 가치: 현실과 이상

만약에 우리가 《에이리언》을 특정한 감독과 특정한 시나리오나 대본이 긴밀히 기여——그 둘이 서로를 포장하거나 왜곡시켜 그것의 내적 규약이나 계획의 이중 나선을 형성——하여 그 정체가 결정되는 존재로 생각하면 《에이리언》은 원작으로부터 나온 하나의 나선형 가닥이 《터미네이터》의 감독-시나리오의 이중 나선에서 나온 또 다른 가닥과 결합할 때 생기는 것이다. 물론 엉성한 유추이다. 하지만 그것이 성문화(成文化)하는 순서의 결합과 재결합을 강조하는 것은 대단히 독특한 스타일과 주제를 갖고서 (상업적으로 수지맞는 것이 아니라면) 비평적으로 갈채받는 영화의 속편을 쓰고 감독하는 부담스럽고 신중을 요하는 책무에 접근하는 카메론의 방법상의 두드러지는 점을 파악하는 데 상당히 도움이 된다. 본질에 있어서 카메론은 《에이리언》 자체를 구성하는 기본적인 요소들을 뒤바꾸어 다시 표현하는 것으로부터 《에이리언 2》를 구성하기 때문이다.

이 반복의 깊이와 정도는 그 반복이 나타나는 다양한 수준으로 해서 신뢰하는 만큼이나 측정하기도 어렵다. 기본이 되는 줄거리 구조상 우리는 카메론이, 승무원들이 초수면 상태에서 다시 깨어나 에이리언의 악몽에 대항하는 것, 모선에서부터 우주 왕복선을 타고 에이리언이 조난한 행성까지 가는 여행, 그들의 적에 의한 단계적인 죽음, 에이리언 종이 만연하는 인간 기술이 만든 건축물을 핵무기로 파괴해야 하는 클라이맥스, 그리고 물론 카메론 역시 《터미네이터》에서 이용했던 이중 클라이맥스 구조를 다시 화면에서 다루는 것을 본다. 개별 장면에 있어서 역시 재연은 지배적 행동 원리로 작용한다. 예를 들어서 에이리언의 첫 습격이 있은 후 공황에 빠진 전략 및 무기 평가 회의는 그들의 목적에 인조 인간이 적절히 기여하지 못함을 비난하듯 언급하는 것으로 끝난다. 의료 연구 시설에서 리플리와 페이스허거와의 만남은 무장한 남자들이 그녀를 가로질러 몸을 던지는 동안 그녀가 페이스허거를 떨쳐 버리려고 뒤로 나가 떨어지는 것으로 끝난다. 그리고 승무원들이 재탄생하기 전에 스콧이 느긋하게 '노스트로모' 호의 복도와 갈라진 틈들을 기웃거리는 장면(감독 완결편에서 완전히 복원된)은 '술라코' 호의 승무원들을 소개할 때 카메론에 의해서 반복된다(곧바로 팬 촬영〔화면에 파노라마적인 효과를 주기 위해서 카메라를 상하 좌우로 움직이며 촬영하는 기법: 역주〕으로 복도의 교차점를 가로질러가다 잠깐 카메라를 내려 기계 장난감과 비어 있는 헬멧을 비추었다가는 올린다). 그리고 에이리언 자체의 다양한 국면을 넘어선 특정한 이미지나 극적인 장면들에 대해서는 무기류 및 관련 기술(화염 방사기, 이동 추적 장치, 텔레비전 화면)과 같은 디자인, 절거덕거리는 쇠사슬의 동일한 엉킴(브렛의 죽음 장면에서부터 마리네스의 탄생 장면으로의 이동), 첫 클라이맥스에서의 붉은빛, 쇠창살, 그리고 터널이 만드는 똑같은 대혼란, 또 똑같은 두번째 클라이맥스에서 기밀식 출입구를 통해 나선을 그리며 우주로 돌진하는 최후의 에이리언의 영상으로 우리에게 제시된다. 카메론은 그의 영화에 '2' 라는 숫자를 흩뿌려 놓음으로써 그의 전략의 이런 국면을 강조한다. 의학 실험실의 뉴트의 침대, 두번째 강습 상륙함, 에이리언 은신처의 엘리베이터, 그리고 결국 여왕 에이리언을 몰아내는 기밀식 출입구에 그것이 스텐실로 찍혀 있다——그리고 사실 비숍은 애쉬의 이름 첫 글자 'A' 의 바로 뒤를 잇는 알파벳의 두번째 글자로 시작하는 성(姓)으로 대신 변통하고 있긴 하지만, 비숍의 이마에도 역시 스텐실로 찍혀 있다고 할 수 있을 것이다. 왜 이 압도적으로 많은 반복이 영화의 부정할 수 없는 즐거움을 희석시키거나, 우리 마음을 사로잡은 점점 증대하는 서사의 견고함을 누그러뜨리지 않고 오히려 두 가지 모두를 증강시키는 데 도움이 될까? 물론 부분적으로는 그런 반복들을 알아 보는 중요한 즐거움을 제공하여 우리로 하여금 그 요소들이 처음 나타났 을 때 우리에게 주었던 즐거움을 상기하게 하고, 또 우리의 새 감독이 그 것들이 만들어 내는 것을 도왔던 영화와 그 세계에 정통하고, 깊이 관심 을 기울이고 있음을 우리에게 재확인시키기 때문이다. 그러나 좀더 중요 하게는 그것들이 단지 반복만이 아니기 때문에 즐거움을 준다. 카메론은 그가 반복하는 요소들을 다양하게 전위 또는 변형시키기 때문이다.

가장 명백한 변형은 확대된 스케일이다. 핵폭발은 더 커지고 무기류와 총격전은 더 장관을 이루며, 두번째 클라이맥스에서 리플리는 에이리언 의 훨씬 더 무서운 변체와 맞서고, 따라서 최초의 우주복(화물탑재기)보 다 훨씬 더 견실한 외골격을 갖춘 우주복이 그녀에게 지급된다. 좀더 드 러나지 않게는 카메론이 기대감을 무너뜨리거나 뒤집기 위해서 첫 영화 에 의해 종결된 어떤 기대감을 조장하는 데 반복을 이용할 수 있다. 이것 은 비숍의 경우에 가장 뚜렷하게 나타나는데, 그는 리플리의 구조자로 판명되기 전——그가 뉴트를 구조해 내는 클라이맥스적 상황을 위해 그 를 애쉬의 마지막 외양과 유사하게 해체되는 상태에까지 몰아넣음으로 써 카메론이 강조하는 전도——에 애쉬가 경탄해 마지않는 페이스허거 의 해부를 다시 행하게 된다.

카메론 자신은 그의 작품의 이런 면을 그의 관객이 프로그램하는 일 ——영화에 대해 그들이 느끼는 친밀감과, 그들이 보고 있는 것이 그것 의 속편이며 따라서 불가피하게 그것에 역시 마찬가지로 그러나 다르게 빚을 지고 있다는 그들의 지식을 부정하는 것이 아니라 인정하는 것 ——로 진지하게 받아들인다고 한다.[2] 그러나 그는 영화 그 자체 내에서

---

2) 《에이리언 3부작》 박스 세트로 발표된 그의 인터뷰 참조.

바꾸어 놓은 그의 반복 기법에 덧붙인 설명을 암호화한다——《에이리언 2》의 서두부(리플리의 구조에서부터 그녀가 해병대 임무를 수락하는 것까지)에서 악몽이 자신의 삶에 미치는 정신적 충격을 극복하려면 악몽을 다시 체험해야만 하는 어떤 사람으로 그녀를 소개하는 사실에 의해 준비된 설명을. 리플리가 최초로 명백히 의식하고 있는 순간들——그녀가 체스트버스터 에이리언의 또 다른 희생자로 드러나는 데서 극에 달하는——은 결국 악몽으로 판명된다. 에이리언 종을 절멸시키려는 원정대의 고문 역할을 중앙정보국에서 제안할 때까지 그녀가 매일 밤 재체험하는 그 악몽이 (버크의 표현처럼) 그녀에게 곧 다시 출발할 기회를 준다. 그래서 '술라코' 호 안에서의 첫 장면은 《에이리언》의 오프닝 장면과 아주 비슷하다는 인상을 주며, 카메론이 그 영화를 다각적인 수준에서의 되풀이하는 것은 리플리가 앞서 있었던 모함(母艦)으로부터 에이리언을 방출하는 것을 반복함으로써 그의 중복되는 이중 클라이맥스를 해결할 때까지 매우 순조롭게 진행된다. 그때에야 그녀는 두 사람 모두 또다시 꿈을 꾸는 것인지도 모른다고 뉴트를 안심시킬 수 있다. 치료에 도움이 되게 그녀에게 정신적으로 충격을 준 최초의 조우를 상기하여 다시 경험함으로써만 그녀는 그 원인을 알아내고 무력화시킬 수 있다.

사실 이것은 《에이리언 2》가 그 영화의 출처와는 다른 중요한 세목이다. 그것은 우리를 에이리언 종의 지리학적(우주적이 아니라면) 근원으로 다시 데려가며, 우리에게 《에이리언》에서 아무런 언급도 하지 않지만 그것이 아니면 에이리언 종 그자체가 생존할 수 없을 생식 사이클의 두 국면(임신을 위한 준비로 살아 있는 인간 숙주에 고치 만들기,[3] 그리고 수태시

---

3) 사실 스콧은 리플리가 고치 상태의 달라스를 만나는 《에이리언》 장면을 촬영했으나, 이야기의 진전 속도를 조정하는 일을 이유로 그것을 버렸다. 《에이리언 3부작》 세트로 발표된 인터뷰 참조.

키는 페이스허거들 자체를 담고 있는 알이 나오는 에이리언의 생존 방법 또는 변이체)을 소개한다. 즉 그것은 에이리언 종의 지리학적 근원은 물론 생물학적인 근원도 폭로한다. 그리고 리플리로 하여금 그녀가 저지시키고자 애쓰고 있는 것과 맞서게 함으로써, 그리고 그것으로 '에이리언' 시리즈로 하여금 그 이름의 시조가 되는 주인공에 대해 아직까지 억제해 왔던 것과 맞서게 함으로써 카메론은 본질적으로 치유적인 노력——억제해 왔던 것을 반복하는 것이 해제 또는 해방시켜 줄 것——을 하고 있다는 인상을 준다. 그것은 마치 카메론이 자신의 영화를 그의 전임자의 중심 인물과 그 인물이 처음 소개되는 영화 모두가 필요로 하는 없어서는 안 될 치유책으로 받아들이는 듯하다. 요컨대 그는 리플리뿐 아니라 에이리언 이야기의 세계까지 고치려고, 그들에게 고통을 주는 것들을 치료하려고 꾀한다. 그리고 카메론이 앞선 스콧의 영화의 기저에 깔린 논리를 자신이 깊이 인지하고 있음과, 자신이 철저히 전복시키고 있음을 한눈에 알아보도록 만드는 것은 바로 이 일에 무엇이 필요한지를 그가 이해한다는 것이다. 물론 《에이리언 2》의 결말에서 리플리가 얻는 것——그녀의 가장 심원한 공포와 대면한 데 대한 보상——은 가족이다. 힉스 상등병이 그녀의 남편이 되고, 뉴트는 그들의 아이가 된다. 힉스는 영화에서 시종일관 그가 이 역할에 적합함을 드러내 왔다. 그는 빠른 사고와 용기를 갖고 있었고, 쏟아지는 포화 속에서도 침착하며, 동료 군인들의 자화자찬식 점수따기용 빈말에 가담하기를 거부하는 모습과 영화에서 유년의 대표자에 대해 본능적이고 지칠 줄 모르는 관심(뉴트를 처음 탐지해 냈을 때 그는 드레이크가 우발적으로 그 애를 쏘지 못하게 하고, 또 에이리언의 은신처의 내부에서 뉴트를 되찾아오려는 리플리의 최고의 후원자이다)을 겸비한다. 그러나 힉스는 리플리에게 다만 적합한 배우자 이상이다. 그는 그녀의 다른 한쪽, 곧 그녀가 하고 싶은 말을 그의 입으로 할

준비가 되어 있는 사람("우리는 궤도에서 핵무기로 행성을 공격할 것이오
──그 길밖에 없소")이고, 따라서 그녀에게 다시 한 번 더 그녀 자신의
이력에 목소리를 부여할 준비가 되어 있는 사람, '양육하는 전사'의 이
상형(배우 마이클 비인 역시 《터미네이터》에서 카일 리스 역을 맡아서 한 이
상형)──리플리 역시 성별을 가르는 경계선의 그녀 편에서 지향해 가는
동일한 이상──을 향해서 발전(사내다움을 대단히 강조하는 해병대 문화
에서 벗어나 식민지인의 순결과, 포르노그래피와 무기의 결합을 받아들임으
로써[4])해 가는 것으로 표현되는 영화 속의 유일한 남성 인물이다. 해병대
무기 기술의 복잡성에 대해 그녀에게 교육하기 직전에 그들의 결혼이 봉
인되는 것(그녀에게 손목에 차는 위치 추적 장치를 주면서 그는 오히려 너
무 끈질기게 "우리가 약혼을 했다거나 뭐 그런 의미는 아니다"라고 말한다)
은 결코 우연이 아니다. 두 사람 다 전투에서의 그들의 불안을 극복할 수
있고, 둘 다 적시에 올바른 이유로 올바른 일을 하며, 둘 다 인간성 상실
의 조짐 없이 자기 스스로를 조종할 수 있다. 그래서 그들의 결합은 남성
과 여성에 대해 널리 퍼져 있는 문화적 고정 관념에서 최선으로 간주하
는 것의 융합을 의미한다. 그 질문에 대한 영화의 대답은 '술라코' 호에
서 허드슨과 바스케즈 사이에 주고받은 말 속에 암시된다. "한 사람의
남자로서 실수한 적 있어요?" "아니──자네는?"

그녀의 '약혼'에 곧바로 뒤이어 오는 장면에서 그녀가 마치 하나가 됨
으로써 그녀를 구속하려는 듯이 뉴트에게 그 추적 장치를 줄 때 힉스가
선물한 위치 추적 장치의 의미에 대한 리플리의 이해는 분명해진다. 그

---

4) 감독 완결판의 복원된 장면에서 좋은 예가 되는 연결로, 아무 말 없이 계속해서 화
면만 내보내는 '술라코' 호의 시작 장면에서, 카메라는 포르노 사진들로 장식된 열린
로커 문을 가로질러 마찬가지로 포르노 식으로 정렬된 펄스 소총들 쪽으로 상하 좌우로
움직이며 촬영한다.

러나 그녀가 뉴트의 어머니 역할에 빨리 안주하려고 하는 것은 시종일관 영화 전개의 중심에 있다. 그녀는 통풍관과 통로에서 뉴트를 뒤따르며 그녀를 닦아 주고, 의학 실험실에서는 위험을 무릅쓰고 페이스허거들에 대항해 그녀를 지키며, 다시는 그녀를 떠나지 않겠다고 약속하고 만난을 무릅쓰고 그 약속을 지킨다. 때문에 클라이맥스에 해당하는 여왕 에이리 언과의 대결 후 돌아온 그녀를 뉴트가 환영할 때 "엄마!"라고 하며 안도 의 숨을 쉬는 것은 마음 깊이 만족을 줄 뿐만 아니라 조바심나게 더딘 것 으로 보일 수 있다──마치 어떤 사람이 그녀의 어머니가 되기를 바라 는 뉴트의 기대가 몹시 지나친 요구인 양, 마치 어머니 구실 그 자체가 어떤 이성적 한계를 넘어선 헌신을 요구하는 것인 양. 확실히 그 문제를 보는 영화의 시각에 의하면 만약 진정한 전사가 양육되고 있다면 그 진 정한 양육자는 전사이다. 영화에서 군인으로서의 리플리의 가장 오싹한 두 이미지──그녀가 에이리언의 은신처로 되돌아가며 엘리베이터에서 스스로 무장을 할 때, 그리고 여왕 에이리언과 맞서기 위해 화물 적재기 에서 걸어 나올 때 (또 그 영화의 가장 유명한 어구──"그 애한테서 물러 나, 몹쓸 것!(Get away from her, you bitch!)"──를 말할 때)──를 만들어 내는 것은 결국 딸에 대한 그녀의 헌신이다.

가족을 얻음으로써 리플리가 그녀의 악몽을 극복하는 것, 곧 치유를 생각하는 것은 카메론이 《에이리언》에서 함축하는 성차 및 생식력의 논 리에, 그리고 그 논리 안에서 리플리 자신의 위치──이성과의 성행위 와 그로 인한 생식 결과를 완고히 거부함으로써 영웅적 행위를 하도록 운명지어진──에 얼마나 철저히 동조하는지를 보여 준다. 하지만 그녀 가 갖게 되는 가족의 종류, 또는 좀더 엄밀히 말해서 그녀가 가족을 갖게 되는 방법은 리플리가 치유되는 것이 무엇일지에 대한 카메론의 생각이 사실은 바로 그녀를 그녀의 악몽 속에 가두는 성적인 것에 대한 태도의 연장——본질적으로는 공범 관계——임을 보여 준다. 리플리의 가족은 생물학적으로 유래된 것이 아니기 때문이다. 그녀의 남편과의 결합은 육체적으로 성취되는 것이 아니며, 그녀는 뉴트를 수태하고 임신하거나 낳지 않고서 뉴트의 어머니가 된다. 요컨대 여성의 실현에 관한 이 영화의 생각을 리플리가 달성하는 것은, 그녀가 힉스와 뉴트의 높이에 자신의 몸을 둘 것을 필요로 하는 한편 그녀로 하여금 그녀 육체의 생식력에 대해 인정하는 것을 피하게 해준다.[5]

그러나 억눌린 것은 소멸되지 않는다——확실히 그것은 다만 외견상 생소한 모습으로 되돌아오는 습성이 있을 뿐이다. 그리고 우리는 그 시리즈의 첫 영화에서부터 육신의 가공할 만한 번식력에 대한 이 시각이 치환된 표현을 어디에서 찾을지 안다. 바로 에이리언 종에게서이다. 확실히 에이리언의 공포를 그리는 카메론의 방식은 스콧의 방식과는 크게 다르다. 그 얼굴을 감싸고 가슴을 파열시키는 형상들이 불러일으키는 독특한 혐오감을 박탈하지 않고서도 그는 두 가지 다른 모습의 그 삶의 형태를 강조한다.

첫번째는 (복수형의 영화 제목(Aliens)이 암시하듯이) 그것의 다양성이다. 이 영화에서 인간은 단 하나의 에이리언이 아니라 수백 에이리언들과 대면한다. 이것은 격투 장면의 규모를 증대시키고 그것들의 제지할

---

5) 감독 완결판에는 57년간의 리플리의 초수면 기간 동안 그녀의 하나밖에 없는 딸이 죽는 것을 보여 주는 옛날 장면이 포함되는데, 리플리는 딸에게 아이 생일날에 맞춰서 돌아올 것이라고 약속했다. 이 장면을 처음에는 제외시켜 《에이리언》에서 밝혀진 대로 리플리의 자아와 세계에 대한 악몽 같은 비전과 《에이리언 2》의 면밀한 일관성을 유지했다. 차후에 그것을 편입시킨 것은 카메론이 리플리에게 타당한 보상이라고 생각하는 새로운 가족의 육체에 반(反)하는 순수성은 변경시키지 않았지만 그 일관성은 희생한다. 그것은 필경 비미학적 고려(가능한 하루 흥행 성적을 최대화하도록 영화를 손질할 필요)가 미학적 성공을 만들어 낼 수 있는 방식에 대한, 그리고 자신의 최고의 통찰력과의 접촉이 끊어진 감독의 능력에 대한 교과서적인 사례이다.

수 없는 생식 충동을 강조하는 영화적 이점이 있다. 하지만 그것은 더 나아가서 카메론으로 하여금 에이리언 종을 오로지 많은 수로만 묘사하게 하며, 또 그것에 의해서 그가 이해하는 그 종 자체를 일종의 엄청나게 큰 통일체, 그 개별 구성원들의 덩어리 또는 합체로 강조하도록 하는 결과를 낳는다. 이것은 힉스가 에이리언 최후의 요새 천정 배관을 들여다보고 제한된 공간을 통해 몸을 끌며 그들을 향해 다가오는 것이 분명한 다리가 많이 달리고 히드라처럼 여럿 달린 머리가 뒤엉킨 에이리언의 몸뚱이를 볼 때 확실히 대단히 성공적이다. 카메론이 여기에서 소름끼치게 극적으로 표현하는 것이 반드시 공동체 그 자체는 아니다. 그저 공동체의 한 유형일 뿐이다. 해병대원들은 개별 구성원들이 전체의 선(善)에 스스로를 종속시키도록 훈련된 공동체적 생활의 인간적인 방식을 대표한다. 그러나 그들의 인간성은 그 영화에서 공동체의 선을 나타내는 것으로 간주되는 충성심에 반해 스스로 결정을 내리고 그들의 충성심을 확고히 굳히는 능력(힉스와 바스케즈가 에이리언 요새로 처음 쳐들어가 병기를 숨길 때나 바스케즈와 고르만이 배기관에서 자신들이 희생하기로 결심할 때 같이)으로 나타난다. 대조적으로 에이리언들은 (개미처럼) 그들 공동체 내에서 개별 존재란 정말로 없다——그들은 공동체 내에서의 역할에 의해 철저히 규칙을 적용받은 태아이거나 유모이거나 전사이다. 그들은 그들 자신에게는 아무런 관심도, 개체라는 표현이 무슨 말일지에 대한 개념도 없다. 이 점에 있어서 그들은 괴물스럽다.

그들이 갖는 기괴함의 또 다른 새로운 국면은 그들의 여왕에게 있다. 리플리가 고치 상태와 임박한 임신으로부터 뉴트를 구출해 두 사람이 비틀거리며 은신처의 중심부인 신생아실로 들어섰을 때 처음으로 여왕과 대면한다. 카메라는 리플리의 공포에 질린 응시를 우리에게 중계하면서 열을 이룬 에이리언의 알들로부터 떨리는 거대한의 구멍에서 새 알이 나오는 데까지 움직여 가고, 다시 반투명의 축 늘어진 거대한 난낭(卵囊)을 따라 여왕 에이리언과 연결된 지점까지 되돌아간다. 여왕 에이리언은 꼬리에서부터 화려한 머리, 곧 두개골의 해부학적 구조 안의 왕관까지 드러난다. 그 난낭――진이 많은 버팀줄에 지탱해 천정에 고정된 갓 낳은 따스한 알에서 피어오르는 증기에 반쯤 가린 채, 걸쭉하고 약간 거품이 이는 액체에 반쯤 잠긴(마치 그것이 원시의 양막 유동체로부터 나오는 생명 그 자체를 나타내는 것처럼)――의 기괴함은 너무나 극단적이어서 여왕의 몸뚱이에 대한 경외감을 약화시킬 정도이다. 그것은 육체와 생식력에 대한, 생물학적 영역에 대한, 삶 그 자체에 대한 리플리의 시각을 완벽히 구상화한 것이다. 그 모든 것은 바로 그녀와 그녀의 가족에게 없는 것이다.

그러나 물론 어머니로서의 여왕은 또한 카메론의 치료 요법에 의해 변화되긴 했지만 리플리 자신의 거울 이미지――카메론이 지구에서 우리를 그녀의 새 아파트에 있는 리플리에게 소개할 때 맨 먼저 담배를 쥐고 있는 그녀의 손, 손가락이 페이스허거 에이리언의 발가락과 대단히 비슷해 보이는 손에 초점을 맞춤으로써, 또 나아가서는 현저히 에이리언 얼굴 조각을 생각나게 하는 리플리의 두드러지게 튀어나온 광대뼈와 약간 돌출된 턱(영화의 운명 같은 용모)을 더 잘 드러내 주는 짧은 머리로 나타냄으로써 그가 영화 프롤로그에서조차 암시했듯이――이기도 하다. 본질적으로 둘 다 전사들을 양육하고 있다. 여왕은 단순히 인간을 포함해서 어느 종들에게나 내재하는 생식 충동을 실현할 뿐이다. 그리고 그 호전적 충동은 리플리의 모성애만큼이나 그것의 모성애로 충만되어 있다――그것이 리플리가 제안하는 무언의 거래("우리를 놓아 주면 네 신생아실에 불을 지르지 않겠어")를 기꺼이 받아들이는 것이 뒷받침하듯이. 여기까지는 그것이 그 본성이 요구하는 대로 정확히 반응한다――그것의 동기는 그럴 수 없이 자연스러우며, 따라서 그것이 나타내는 극악무도함은 본성 그 자체(그것 안에 구현된 대로)가 가공스럽게 느껴진다는 가정에 의해서만 이해될 수 있다. 그것을 알을 품는 어머니에서 전사로 변화시킨 것은 인간을 멸망시키려는 어떤 악의에 찬 또는 이유 없는 욕망이 아니라, 오히려 리플리가 그것의 신생아실을 공격한 때문이다. 인간의 어머니와 아이를 여왕이 마지막으로 추격하는 것은 그 자식들을 살해한 사람에 대한 복수심에 내몰린 것이다.

이것은 단순히 리플리와 여왕 간의 암묵적인 동질감을 확증한다. 그것은 우선 무엇보다도 리플리를 신생아실로 오게 했던 그녀의 아이를 보호하려는 것과 동일한 충동이기 때문이다. 하지만 그것은 또한 그 두 전사 어머니 사이의 불균형——그리고 리플리에게 오히려 유해한 불균형——도 암시한다. 여왕의 자식들을 전멸시키기 위해 여왕과의 암묵적인 계약을 어기고, 그로 인해 그녀 자신의 목숨과 그녀의 아이의 목숨을 위태롭게 하는 것은 바로 리플리 자신이다. 달리 말하면 그녀는 그런 생물학적 번식력의 화신이 존재할지도 모른다는 것을 알면서 잠시 더 살기보다는 차라리 약속을 깨뜨리고, 그녀 자신의 생존 및 번식 충동을 부정하며 계획적인 대량 학살(포식이 다만 타고난 것일 뿐인 한 종족에 대항해 그리고 아직까지는 적어도 인류와의 일시적인 잠정 협정을 기꺼이 수락하려는 것으로 보였으며, 그래서 도덕성과 자식들에 대해 거의 인간에게서 볼 수 있는 관심을 갖고 있는 여왕에 대항해)을 택한다. 이 두 암컷 중에서 진짜 몹쓸 것은 어느쪽인지 생각해 봄직하지 않은가?

리플리가 어느 종족이 더 나쁜지 모르겠다고 말할 때 우리는 에이리언을 지구로 몰래 되돌려 놓으려는 버크의 계획에 대한 리플리의 (자기 나름대로) 정당한 매도 역시 상기할 수 있을 것이다. "최소한 당신은 그것들끼리 짝짓기하는 걸 1퍼센트 남짓도 안 보잖아." 그녀가 한 협정은 개인적인 이득을 위한 것이 아니며, 그것은 한 종 내부에서의 일이라기보다 종과 종 사이의 막후 조종이었다고 말함으로써 그녀에 대한 비난에 대항해 그녀를 옹호할 수 있을지 모른다. 하지만 계획적 대량 학살이 살인보다 도덕으로 더 탐탁한 일이라 할 수는 도저히 없으며, 그것이 막대한 개인적 손실을 초래할 우려가 있는 상황에서 시도될 때에는 더욱더 이해할 수 있는 일이라 할 수 없다. 사실 버크에 대해 리플리의 감정을 상하게 하는 것은 에이리언에 대해 그녀의 감정을 상하게 하는 것이다. 여왕이 생물학적 번식력의 위협을 대표하는 것과 마찬가지로 버크가 몰래 들여오려는 계획은 글자 그대로나 상징적으로나 '짝짓기 대상이 되는' 결과로 리플리를 위협했다. 버크는 지구에서의 검역을 통과해 에이리언들을 몰래 들여오려고 에이리언의 태아로 그녀(그리고 뉴트)를 임신시킬 작정이었다. 버크가 (과학 분야로부터 경제 분야로 남성적 폭력의 위협을 치환함으로써) 첫 영화에서 애쉬의 상징적인 역할을 떠맡는 가장 은밀한 이유가 여기에 있다. 그의 행동은 그녀의 목에 강제로 무엇을 집어넣어 리플리를 죽이려 했던 애쉬의 시도의 재현이다. (그리고 그녀의 목소리를 거부하는 그 행동은 속편에서 버크가 리플리를 방음 장치된 의학 실험실에 갇히게 하여 페이스허거들로부터 구해 줄 것을 호소하는 그녀의 소리가 안 들리게 되는 때에 다시 등장한다.) 이때 또한 그녀와 힉스와의 관계가 갖는 사람의 마음을 깊이 움직이는 힘이 있다. 그들의 결합은 본질적으로 성이 개입되지 않는 인간의 이상으로 그들 상호간에 수렴하는 것과 일치하기 때문이다──마치 어떤 생물학적 성차를 초월하여 근본적으로 상대를 서로 반영하는 듯이, 마치 바로 그런 차이에 대한 생각을 지워 없앤 것이 그들이 서로에게 끌리는 조건인 듯이.

만약 카메론이 리플리의 악몽 같은 시각으로부터 거리를 유지하지 못함──그(그리고 우리)가 마음 깊이 그녀에게 군인과 양육자가 뒤섞여

있음을 인정하는 일의 부정적인 면——을 더 확인할 필요가 있다면 그
것은 그녀의 계획적 대량 학살 충동이 갖는 정치적 의미에서 발견되어야
할 것이다. 그 전작과 마찬가지로 《에이리언 2》는 포괄적인 혼성물이다.
그것은 전쟁 영화와 공포 영화의 논리와 관례를 융합시키며, 카메론은
그가 해병대의 LV 426 임무를 베트남 전쟁——그의 분석에 의하면 필
경 더 원시적일 문명에 대해 승리를 확신한 하이테크 군대가 결국 난공
불락의 전쟁이 된 일련의 굴욕적인 패배로 해서 곤경에 몰린 스스로를
발견하는——에 대한 연구로 생각했음을 한 번 이상 인정했다. 확실히
이 분석은 카메론이 미국 문화의 어떤 면들——기술적인 것에 대한 숭
배, 에이리언 문화에 대한 무지, 과도한 오만——을 비판하는 것을 허락
한다. 그러나 동시에 그의 영화의 기초가 되는 포괄적인 환경은 에이리
언 서사 세계 특유의 유산과 더불어 그의 비판 체계가 베트남 사람들을
틀림없는 또 무조건적으로 괴물 같은 에이리언의 처지에다 놓음으로써
만 효과를 발함을 확실히 한다. 그리고 그것은 해병대로 하여금 핵폭발
로 행성을 파괴하여 전쟁에 승리를 거두게 함으로써 분석을 요구하는 갈
등을 고쳐 쓴다. 그것은 그렇게 해서 그것이 비판할 것을 주장하는 미국
의 정치적 오만과 외국인 혐오에 대한 시각을 지지하고, 또 리플리의 계
획적 대량 학살 충동, 곧 그녀의 혈육——그녀 자신뿐 아니라 그녀의 자
식과 그녀의 종에 대한——에 대한 억압의 가장 심오한 표현을 고쳐 쓴
다. 그렇다면 여기에서 가장 치료가 필요한 사람은 자칭 임상 의사인 듯
하다.

여담: 《어비스》

이것을 감지한 결과이건 아니건 제임스 카메론의 공상과학 분야로의 다음 여행에서는 리플리가 매우 단호하게 혐오하는 인간 삶의 양상들에 대한 그의 자세에 어떤 변화의 흔적이 보인다. 《어비스》에서 두 주인공들의 목숨과 결혼은 그들 자신을 재탄생의 희망 속에 죽게 두는 그들의 능력에 의해 구조된다. 마치 그녀의 남편을 교육하는 것처럼 여자가 먼저 죽는다. 두 사람이 수면 밑 모함(母艦)으로부터 아주 멀리 떨어진 곳에서 둘 사이에 오직 하나의 산소마스크만 갖고 곤궁에 처하게 되자, 그녀 스스로 익사를 선택한다. 그녀의 희망은 그 결과 일어나는 저체온 현상이 남편이 그녀를 모함으로 운반해 가는 데 드는 시간 동안 그녀의 생명 유지에 필요한 기능들을 보존해 줄 것이라는 것이다. 그리고 그 희망은 실현된다. 그녀가 보여 준 모범에 힘을 얻은 듯 그녀의 남편은 다이버들이 극단적인 깊이에서 작동시킬 수 있도록 계획된 아주 새로운 특수부대 고안 호흡 장치를 사용하는 데 응한다. 그것은 산소율이 높은 액체로 사용자의 폐를 채움으로써 작동한다——따라서 그녀의 남편은 결국 그들이 만났던 외계 종의 파멸을 막기 위해서 그가 가야만 했던 깊이에서 살려면 제 자신을 익사시켜야만 한다. 특수부대원 중 하나가 안심시키려는 의미에서 "누구나 아홉 달 동안 이런 식으로 호흡해요. 몸은 기억할 거예요"라고 지적하듯, 바꾸어 말하면 이 장치는 사람을 자궁으로 되돌려보내는 것이다. 그것은 인간의 극기에 수반되는 것이 무엇인지에 대한, 사람이 소망할 수 있는 가장 아름답고 감동적인 모습이다. 그리고 이 맥락에서 그것이 갖는 설득력은 그 영화적 영상이 제임스 카메론으로 하여금 인체가 생명을 부여하는 힘과, 수태와 출산 사이의 생존 기억——

그것이 오직 인간 여성에게 기생적으로 의존함으로써만 목숨을 부지하고 자라는 때——을 미해군이 불러내는 것에 생기를 불어넣는 일에 감독으로서의 그의 최고 기략을 종속시키게 했다는 사실에 의해 배가된다.

자체 종결에 대하여

속편을 만드는 데 대한 카메론의 자세는 《에이리언 2》에서 확인되었듯이 그의 공상과학 영화 부문——그의 제1편에 대한 속편인 《터미네이터 2: 심판의 날》——의 다음 과제에서 다시 정하여진다. 기본 구조와 특정 장면, 개개의 영상의 이어붙임이 믿기 어려울 만큼 동일하게 널리 반복됨이 뚜렷하다——제1편의 추격 구조와 자신의 신체가 해체되는 것조차 극복하는 살인 터미네이터의 능력을 축으로 선회하는 이중 클라이맥스에서 그 최고조를 되풀이하는 것으로부터, 카메론이 속편의 추격 장면에서 장난감 화물자동차(제1편 서두에서 터미네이터의 차바퀴에 눌려 뭉개지는)를 존 코너를 추적하는 새로운 터미네이터에 의해 강탈당한 최고속으로 달리는 외관이 아주 똑같은 거대한 트럭으로 확대한 것에 이르는 범위에 걸쳐서. 그러나 마찬가지로 예측할 수 있게 이 넓은 범위에 걸친 반복은 전위와 변환이라는 마찬가지로 눈에 띄는 양식과 섞여 전체적으로 거의 연산 방식같이 정밀하게 정연한 조리를 이루면서, 결국 카메론이 그의 두번째 '터미네이터'에 도입한 또 한 (종류의) 터미네이터가 된다.

그의 속편에서 기계들이 T-1000 원형(물리적인 접촉에 의해 그것이 표본 조사한, 같은 용적의 어떤 것이라도 모방할 수 있는 모방 합금으로 된 유동체)을 다시 보내어 그것에게 존의 어머니보다는 존을 목표로 정하게 한다. 이 유일한 조처가 제1편이 확립해 놓은 역할의 기반 안에서 제1편의 주요 등장 인물들에게 일어나는 그밖의 모든 전위를 결정한다. 그것은 아놀드 슈왈제네거를, 그가 제1편에서 맡았던 터미네이터의 구(舊)모델의 또 다른 예로, 하지만 이번에는 T-1000과 싸우는 저항군에 의해 프로그램된 카일 리스 역으로 등장하게 한다. 이것은 자신의 아들에게 사랑과는 정반대되는 것을 나누어 주고, 미래에 스카이넷 기술을 발명할 사람을 죽이려고 하며, 자기 자신과 자신의 세계를 이미 핵폭발 이후로 보고 있는 사라 코너를 일종의 인간 터미네이터로 보이게 한다. 그리고 이것이 이번에는 보이지 않는 미래로부터 옮겨진 존 코너 자신으로 하여금 그 자신의 가족의 (재)건축에 스스로 다시 관여하게 한다.

여러 가지로 이 마지막 전위는 말 그대로 어떤 의미에서 그것이 그가 자기 자신을 탄생하게 하는 것을 막는 사실에도 불구하고 《터미네이터》의 핵심부를 차지하는 기상천외한 가족 구조를 단순히 되풀이한다. 다시 한 번 더 우리는 존 코너가 자기 자신의 어머니를 구하려는 계획의 주동자일 뿐만 아니라 그가 사실상 그녀를 새로운 또는 대리의 아버지——재(再)프로그램된 터미네이터——와 맺어 주는 것을 발견하기 때문이다. 사라 자신의 표현처럼 "터미네이터는 늘 거기 있을 거고, 죽어도 그를 보호할 거야. 왔다가 가는 모든 아버지 지망자들 중 오직 이 기계만이 필요한 능력을 갖추었어. 그것은 미친 세상의 분별 있는 선택이었어."

그 증언은 우리가 《에이리언 2》에서 주목한 바로 그 육체 및 성차의 억압을 강조하는 듯 보인다. 그것은 진정한 아버지의 자격과 육친의 부재를 동일시하며 성행위 없이 만들어진 가족이라는 생각을 떠올리게 한다. 확실히 사라는 그녀의 아들을 통상적인 방식으로 출산했지만, 그녀 스스로 느끼는 모자 관계에 대한 의식은, 그는 그녀의 혈육이라기보다는 오히려 모든 사람의 혈육, 곧 미래에 대한 인간 희망의 구현자라는 것이다. 그가 자신과 그녀와의 특별한 관계를 의식하고 행동하며, 사라가 그의 어머니이기 때문에 T-1000과 만날 위험에도 불구하고 정신 병원에서 그녀를 구해 내는 걸 도우라고 터미네이터에게 명령할 때, 사라의 반응은 그 관계를 부정하는 것이다. 그녀의 이익이 위협받을 때조차 그녀는 그에게 스스로를 보호하라고 말한다. 인류의 구조자로서의 운명이 더 중요하기 때문이다.

반면에 영화는 또한 완벽한 가족에 대해 발언하는 사람은 완벽한 상태와는 거리가 먼 그녀 자신임을 분명히 한다. 그것은 찬성하는 것이 아니라 오히려 그 말의 중요성에 대해 상황에 맞게 설명하고 진단한다. 교육과 변화는 여러 가지 방법으로 이 영화의 중심에 있다——우리가 터미네이터가 인간의 풍습을 학습함에 있어서, 아주 구체적으로는 살인하지 않고 목표를 달성하는 것을 배움에 있어서, 그리고 다이슨이 그가 아직 행하지 않은 것을 배우고 그 책임을 맡게 되는 것에서 보듯이. 하지만 극기를 보여 주는 가장 중요한 사례는 사라 코너 자신이다.

제1편 후반부에서 우리는 바야흐로 전사의 어머니로 스스로 변화하고자 하는 그녀를 본다. 제2편은 그 자기 변화의 결과를 드러내는 것으로 시작한다. 나중에 그가 (아직) 하지도 않은 일 때문에 동료 인간을 암살하려고 하는 자신을 발견하는 사라 코너는 전사의 어머니는 전적으로 전사여야 하며 어머니여서는 안 된다——양육하는 일을 하지 않는 군인이어야 한다고 믿는 (그리고 그 믿음을 무사히 지켜 나가는) 사람이다. 기계에 대항하는 전쟁에서 인류의 구원자로서의 운명에 맞게 자신의 아들을 준비시키기 위한 목적으로 그녀는 스스로 살인 기계가 되었다. 그리고 그녀가 구현하는 죽음 같은 상태의 원인에 대한 카메론의 이해는 두드러진다. 그것은 미래에 대한 그녀의 예지이다.

영화에서 사라에 대한 연구는 자신이 변했음을 정신병 의사에게 납득시키려는 그녀의 시도가 실패하는 것으로 시작한다. 하지만 그녀의 진짜 심정을 표현하는 비디오테이프 녹화 인터뷰는 카일 리스가 말한 핵전쟁에 대한 카산드라[주로 세상 사람들이 용납할 수 없는 흉사를 예언한 트로이의 예언자. 트로이 왕 프리아모스와 헤카베의 딸로, 그녀에게 연정을 품은 아폴론이 그녀에게 예언력을 부여했으나 그녀가 그의 사랑을 거절하자, 아폴론은 그녀가 옳은 예언을 하더라도 아무도 그 말을 믿지 않게 만들었다. 알렉산드라라고도 함: 역주] 같은 그녀의 예언과, 임박한 세상의 종말을 아는 일이 세상에 대한 그녀 자신의 인식에 가하는 충격에 초점을 맞춘다. 요컨대 그 충격은 그녀가 자신과 동료 인간들, 그리고 그 세계를 이미 죽은 것으로 이해한다는 것이다. "당신은 당신이 안전하고 살아 있다고 생각하지만 당신은 이미 죽었어요. 모든 게 사라져 버렸어요──당신은 꿈속에서 살고 있는 거예요. 난 무슨 일이 일어나는지 알거든요──그 일이 일어나요." 사라에게 있어서 무슨 일이 일어날지에 대해 아는 것은 미래를 과거 속으로 와해시키며, 그로써 현재를 파괴한다. 그녀에게 있어서 미래는 불변하고, 더 이상 현재 살아 있는 사람들의 어떤 생각과 행동에 의해 최소한 어느 정도라도 결정되지 않으며, 그 생각과 행동은 그 어떤 인간적 의미도 상실하고 그들이 만들어 내려는 삶의 의미 역시 미래의 핵전쟁이 의미하는 인간 의미의 완전한 상실 앞에서 사라진다. 그녀는 그 전쟁이 어린이들을 절멸시킬 것으로 꿈꾼다. 그것이 미래를 절멸시키기 때문이다. 그리고 현재(미래를 갖는 인간성에 대한 인간 의식의, 그리고 개방적이고 의미심장한 미래에 대한 인간 의식의 제1차적인 현장), 제1차적인 미래의 상징은 어린이이기 때문이다. 요컨대 세상이 종말을 고할 것을 아는 것 그 자체가 세상의 종말이다. 사라가 아는 것은 그녀의 세계와 그 안에 있는 그녀 자신의 죽음을 의미한다──그녀 역시 이미 죽었으며, 그녀는 그것을 알고 있다. 따라서 그 세계 속 그녀의 현재는 그녀가 만나는 사람들──그의 어머니가 그에게 존재하지 않음

을 발견하는 그녀의 아들뿐만 아니라 그녀에게 반대하는 그 어느 누구든
——에 대한 죽음을 의미할 수밖에 없다. (이미 죽은 사람을 그녀가 죽인
다고 해서 무슨 문제가 되겠는가?)

　세 가지 것이 그녀의 허무주의의 가장 극단적인 결과로부터 사라를 구
출——그녀가 마일스 다이슨을 처형하려다 그만두게 하는 것——한다.
첫째, 그녀는 그녀의 희생자의 눈 속에서 자기 자신——미래의 어린이
암살 및 살해자, 가족 파괴범, 터미네이터——을 본다. 둘째 그녀는 자
신을 저지시키려고 하는 존에게서 아들에게 어머니가 되는 데 실패한 것
이 그의 어머니에게 아들이 될 자격을 그에게서 소멸시키지는 않았으며,
따라서 그의 어머니로서의 그녀 자신을 인정할 능력을 소멸시키지 않았
음을 배운다. 셋째, 그녀는 터미네이터가 존의 명령을 받아들이는 것으
로부터 과학 기술조차 숙명은 아니라는 것을 배운다. 이 세 요인은 서로
무관하지 않다——따라서 그 3배의 영향력이 영화의 한 장면 속에서 발
휘된다. 그녀의 눈에 미래의 죽음의 궁극적인 원인은 그녀가 본질적으로
죽음을 초래하는 남성성의 표현으로 이해하는 과학 기술이라는 것이 분
명하기 때문이다. 그녀는 스카이넷 빌딩이 창조적인 행동이라고 생각하
는, 즉 그것을 오히려 여성의 생식에 의해 대표되는 생명을 주는 참된 창
조성의 반정립(反定立)으로 보는 다이슨을 비웃는다. 그러나 다이슨이
스카이넷의 기술 근원을 파괴하기 위해 자신을 기꺼이 희생하는 것, 터
미네이터가 같은 동기로 자신을 기꺼이 희생하는 것, 그리고 어머니로서
그녀의 생물학적 창조의 산물을 적절히 돌보지 못한 데 대한 깨달음이
합쳐져서 생물학이 생명을 긍정하도록 예정되지 않은 것과 마찬가지로
과학 기술도 삶을 부정하도록 예정되지 않은 것을 암시한다. 인간이 그
들의 동물적 성질과 그것의 창조물을 인정하든 부정하든 간에 문제는 인
간이 그것들을 가지고 무엇을 만드느냐이다. "운명이 아니라 우리가 만

드는 것이다."

《터미네이터 2》에서 사라가 미래에 대해서 아는 것이 그녀와 그녀의 세계를 죽음 같은 상태로 만드는 원인으로 제시되는 까닭에, 그녀가 미래를 회복하는 것은 그 지식을 무효화시키는 기능을 하는 것으로 제시되어야 한다. 만약 그녀가 스스로 극복하게 된다면 미래는 알 수 없게 될 것이 틀림없다. 영화는 스카이넷으로 이끌고, 또 거기에서부터 핵전쟁으로 이끄는 연구에 없어서는 안 될 토대는 로봇을 이용하는 금속 압착기에서 사이버다인 사에 의해 구조된 첫번째 터미네이터의 잔존물이어야 한다고 결정함으로써 이 해방을 가능하게 만든다. 만약 첫 터미네이터의 자동 기록 장치에 있는 모든 기록이 파괴된다면 미래가 (따라서 사라가) 파멸에서 벗어나도록 할 수 있다는 결론이 된다. 카메론의 속편에 걸맞게 이 파괴는 이중적인 형태를 취한다. 먼저 존은 첫 터미네이터의 조각들(사이버다인 사에서 훔친)을 용광로 속으로 던져 넣는다. 그리고 첫 터미네이터의 두번째 예는 사라에게 같은 용광로 속으로 내려 줄 것——그것을 창조한 알려지지 않은 사람의 자기 희생을 모방하는 그것의 자기 희생, 곧 그것이 (그것의 프로그램이 금지하는) 자체 종결을 가장 근접하게 완수할 수 있는——을 요청한다. 그리고 사라 자신은 터미네이터가 보여 준 모범에서 희망을 품고, "자멸하는 것이 당신의 본성이다"는 그것의 이전 견해가 잘못된 것임을 암시하는 것으로 그것의 자기 희생을 생각하게 된다. "기계가 인간 삶이 갖는 가치를 알 수 있게 된다면 아마 우리 역시 그럴 수 있을 테니까."

그러나 이 결론에 해당하는 교훈보다 오히려 더 흥미로운 것은 이 영화의 마지막 사건들이 터미네이터와 그것의 전임자와의 관계에 대해 말하는 것이다. 물론 첫 터미네이터의 모든 흔적을 없애 버림으로써 그것이 가능하게 한 (기계가 인간을 전멸시키려는 데 저항해 일어난 핵전쟁에 관한) 이야기를 지움으로써 《터미네이터 2》는 그 두 터미네이터가 오는 미래의 실체만 없앤 것이 아니기 때문이다. 그것은 미래에 '터미네이터' 영화——그것 자체의 원인 또는 근원, 곧 없어서는 안 될 과거가 되는 영화——를 만들 가능성도 없애고, 《터미네이터》 자체의 사건들을 가능하게 한 미래의 가능성마저 없앤다. 다시 말해서 《터미네이터 2》를 자체 종결시키고 그렇게 함으로써《터미네이터》와 '터미네이터' 시리즈 모두를 자체 종결시킨다.

카메론의 감독으로서의 경력에서 이 두번째 속편은 이렇게 아무래도 그것이 덕을 볼 수밖에 없는 전작의 의미를 고쳐 쓰고 미래의 어떤 속편에도 열어 놓은 가능성들을 결정하는, 어떤 속편이나 본래부터 갖고 있는 힘을 아주 철저히 이용한다. 그러나 이 경우 그것이 본질적으로 복수심에 불타거나 자기 세력 확장——마치 영향 받거나 계승하려 전전긍긍하는 양——으로 발휘되는 것은 아니다. 오히려 해방시키거나 힘을 부여하고 있다. 그것이 사라를 그녀의 죽음 같은 삶으로부터 구하는 것처럼 카메론 자신을 허무주의적 이야기의 세계로부터, 그리고 속편을 더 만들어 그것으로 되돌아가야 할 필요로부터 자유롭게 하기 때문이다. 요컨대 그것은 그를 감독으로서의 그의 원점에 속박당하는 느낌으로부터 자유롭게 하여 그만의 영화적 미래를 재개하게 한다.

그러나 그렇게 함으로써 확실히 그는 미래에 실현시키게 될지도 모르는 하나의 가능한 양식을 제외시켜 버리는 듯이 보인다. 우리는 일찍이 공상과학 장르에 의해 가능해지고, 《터미네이터》의 시간 여행 이야기에서 색다른 힘을 발휘하도록 이용되면서 시공의 와해가 (동시에 과거의 세계이기도 한 미래의 세계를 투사하는 것으로 정의할 수 있을) 공상과학 영화 자체를 보는 경험 고유의 혼란에 대한 일종의 내면적인 표현으로 기능하는 것을 보았기 때문이다. 사라의 허무주의는 그 관람 상태에 대한

《터미네이터 2》의 내면적 표현이다. 그것은 카메론에게 있어서 알 수 있는, 그릴 수 있는, 보기에 따라 실재와 구분될 수 있는 미래를 표현하는 것은 (우리가 마음껏 번민할 수 있는) 과거와 우리의 관계와, 미래와 우리의 관계를 융합하는 자극으로, 그 개방성이 우리가 우리 자신의 삶을 의미 있게 생각하는 능력을 갖기 위한 조건임을 암시한다. 《터미네이터 2》의 자체 종결은 그 자극의 거부 또는 초월이며, 따라서 그것이 속하는 장르의 결정적인 특성 하나를 부인하는 것에 해당한다. 아주 줄잡아 말하더라도 카메론 자신이 아직까지 그 장르의 어떤 작품도 더는 하려고 하지 않는 것은 놀라운 일이 아니다.

그러나 이 자기 초월 효과를 얻기 위해서 카메론이 그의 제1편의 세계에서 시간 순서를 바꾸는 것은 또한 그에게 영화의 존재론이라 칭할 수 있는 것의 또 다른 면모에 대해 더욱더 탐구하게 한다. 여기에는 《터미네이터 2》가 린다 해밀턴의 잠재된 스타성, 즉 영화에서 그녀가 된 것과 영화에 의해 그녀가 어떻게 될 수 있을지에 대해 말해야 하는 것을 포함한다. 《터미네이터》 후반부에서 그녀가 맡은 인물이 바야흐로 자기 변화에 직면하고 있듯이 해밀턴 자신도 스타가 될 기회를 맞는 듯하며, 《터미네이터 2》의 후반 무렵에 그녀는 맡은 인물의 육체적·심리적·정신적 변화를 스크린 위에서 실현시키는 능력의 깊이를 드러냈다. 제1편에서의 아직 만들어지지 않은 부드러운 체격은 매끄럽고 날씬한 무기가 되었다. 그녀의 미숙한 자아가 갖는 감정적인 취약함은 굳어지고, 그녀의 회복된 모성 충동과 씌어지지 않은 미래에 대한 희망감으로 다시 충만되도록 회복된다. 그러나 그녀가 맡은 인물이 그리는 복잡하고 매정한 궤도를 이해시키고 표현하는, 그리고 전형적으로 화려하고 동적인 카메론식 블록버스터의 육체적인 요구를 견디는 이 능력에도 불구하고 우리는 이제 린다 해밀턴이 스타가 되지 않았음을 안다──그녀의 독특한 용모가 처음 그녀에게 스타덤에 오를 가능성을 만들어 준 인물과 감독의 결합이 없는 영화 속의 삶을 전달하지 못했음이 입증되었다. 우리가 그 질문에 대답을 시작하기라도 할 수 있을까? 안 될 게 뭔가?

《터미네이터 2》는 적어도 이 질문에 좀더 명확하게 대답할 수 있도록 도와 줄지도 모르는 스타가 되는 것이 무엇인지에 대해 확실히 이해할 수 있게 한다. 그것은 그 전작에서 물려받은 영화의 터미네이터 역할이 겹치고 분열하는 결과이다. 한편에는 다르게 프로그램된 그의 이전 '인물'을 반복해 표현하는 동일한 배우가 있다. 또 한편으로는 공석으로 남겨진 '악당' 역할이 있기 때문에 차세대 터미네이터들의 역을 맡아 하는 새로운 배우가 있는데, 그에게는 물리적인 접촉에 의해 표본 조사한 것이면 무엇이든 모방할 수 있는 특이한 능력이 있다. 우리는 이 두 유형의 터미네이터가 행동 양상에 있어서 서로 충돌하는 두 방향——그의 다른 역할들 아래 또는 배후에 있는 개별 배우의 일관성(영화 속의 혼미와 유머의 원인)과 그가 깃들이도록 요구되는 어리둥절할 정도로 다양한 인물들(주물 공장에서 단말마의 고통 속에서 그것이 역을 맡아서 했던 모든 인간들을 T-1000이 짧게 재구현하는 것만큼이나 그 방법에 있어 괴기스럽게)——중 하나를 각각 구현하고 있는 것으로 생각할 수 있을 것이다. 그러나 만약 카벨을 따라, 우리가 영화 연기에서 이 두 방향의 관계가 물질적인 기준에 의해, 따라서 카메라 앞에 놓인 개별 인간의 얼굴을 카메라가 자동적으로 재생하는 것에 의해 결정됨을 인정한다면, 우리는 배우가 영화 속의 인물보다 우선하기를 기대——(말하자면 연극배우처럼 인물에게 자신을 내어 주거나 자신이 인물 안에 들어가 행동하는 것과는 대조적으로) 인물에게 자신을 빌려 주어 그 안에서 적합한 것만을 받아들이고 나머지는 버리는 개별 배우로——할 것이다.[6] 그러므로 우리는 배우의 변덕보다는 배우의 일관성에, 독립적으로 주어진 부분의 요구에 맞추어 자신을 바꾸는 어떤 능력보다는 외관상의 항구성이 영화 전체에 걸쳐 주는 효과에 의해 결정되는 스타덤을 기대해야 한다.

이런 배경에 어긋나게 그녀가 맡은 인물과 그 인물의 영고성쇠를 겪는 린다 해밀턴의 재능이 사실상 그녀가 스타덤에 오르는 것을 막은 듯이 보이는 반면, 두 편의 '터미네이터' 영화에서의 그의 외모가 그가 최고의 영화적 명성에 이르도록 이미지를 만드는 데 도움이 된 배우는 육체적으로 구별할 수 없는 동일한 인물의 배역을 맡아 함으로써 카메라가 그의 아주 특이한 얼굴을 방해나 중단 없이 녹화하고 재녹화할 수 있게 한 사람(그리고 실제적인 지시를 받아들이고 행동하고, 따라서 정확하게 감독이 바라는 것이 되는 그의 전대미문의 능력으로 카메론에게서 '완벽한 배우'[7]라는 호칭을 얻는 사람)——아놀드 슈왈제네거였다는 것은 차라리 우연한 것이 아닌 듯이 보일 것이다.

---

6) 《관람되는 세계》, 제4장 참조.
7) 〈《터미네이터 2》 제작 과정〉에 기록된 주장.

《에이리언 3》 ⓒ 20세기 폭스사, 1992, 롤랜드 그랜트 기록보관소.

3

애도의 헛구역질
데이비드 핀처의 《에이리언 3》

만약 이 영화가 그 전작과 어떤 면에서 닮았다면 그것은 '에이리언' 영화 시리즈 내에서의 그 고유한 위상에 유념하기를 기대하지 않는다는 데에 있다. 요컨대 제임스 카메론의 제목은 '2'라는 숫자를 회피했다(영화 내에서는 강박적으로 그것을 발견하지만). 데이비드 핀처의 제목은 필요한 숫자를 짜넣지만 철저히 바꾸어 놓은 후이다. 한 가지, '3'이라는 수를 위첨자로 나타내는 것은 그 영화가 뒤늦었다(그것이 하나도 아니고 두 명의 매우 특이한 감독들 뒤에 출현한 것이 매우 특이한 원래의 발상에 그들의 아주 다른 개인적 선견을 부과했다)는 사실을 강조한다. [우리 나라에서는 카메론 감독의 《에이리언들》은 《에이리언 2》, 핀처 감독의 《에이리언³》은 《에이리언 3》이라는 제목으로 개봉되었기 때문에 혼동을 피하기 위해서 각각 《에이리언 2》와 《에이리언 3》으로 번역함: 역주] 마치 핀처가 그가 자기 영화를 가지고서 할 수 있는 것은 무엇이나 첨자적이 될 것이라고, 다른 것이 쓰인 문서 위에 쓰는 일일 것이라고, 시리즈 안에서 이 세 번째 영화는 거듭 쓴 양피지의 사본을 만들어 낼 수밖에 없다고 느끼는 듯이. 하지만 그런 압박은 또한 해방, 곧 권한을 부여하는 하나의 형태이기도 하다. 거듭 쓴 양피지 사본의 창조자는 그의 전임자들의 작품을 되풀이하거나 자취도 없이 말살하거나, 또는 철저히 바꿔 놓거나 할 수 있기 때문이다. 좀더 명확하게 말하면 《에이리언 3》을 감독하는 이점은 속편을 만드는 것이 아니라 어떤 시리즈에 공헌함을 의미한다는 것이다. 카메론에게 있어서는 '에이리언'의 세계와 리들리 스콧이 실현한 에이리언의 세계 간에 아무런 구별도 없었다——또는 적어도 그 원작이 실현한 것을 그 자신이 재작업할 때까지, 그리고 재작업하는 동안에는 전혀 없었다. 그러나 핀처의 경우, 카메론이 계승한 것에 대한 카메론의 반응은 각 경우마다 감독과 그의 소재(素材)를 구분할 수 있게 해주며, 그에게 그 공통의 주제를 그들이 독특하게 변용하는 일의 강점과 약점을 비판적으로 평가할 기회를 준다. 그리고 핀처가 구조상 뒤늦게 오는 것이 그를 스콧보다는 카메론과(부럽기만 한 그의 진정 창의적이고 제거할 수 없는 선취권과 더불어) 좀더 가깝게 연결시킴을 감안하면 우리는 그가 그의 바로 앞 선임자에 대해 조금 더 민감하리라는 것——《에이리언 2》와 《에이리언 3》 간의 비평적 거리를 확인시키는 데 좀더 관심을 두리라는 것을 예상할 수 있을 것이다.

그러나 물론 이전의 상징에 위첨자로 숫자를 붙인 것은 전형적으로 수학적 연산 결과——그 상징에 주어진 횟수만큼 그 자신을 곱하는 수학 연산——를 표시한다. 이것을 《에이리언 3》에 적용하면 우리는 에이리언×에이리언×에이리언을 갖게 된다. 그렇게 명명된 영화에 대해 이것이 암시하는 것은 무엇일까? 우선 그것은 그 영화가 에이리언 종의 제3세대(피요리나 161의 죄수들에게 살그머니 접근하는 에이리언은 바로 LV 426에 알을 낳은 여왕 에이리언의 자손인 '술라코'호에서 분출된 여왕 에이리언의 자손이다)를 다루고 있음을 인정하며, 그것이 세 에이리언들('술라코'호의 페이스허거, 죄수의 개의 에이리언 자손, 그리고 새로운 여왕 에이리언)과 직접적으로 관계될 것이라는 데 대한 사전 전조가 된다. 나아가서 그것은 그 영화가 이제 우리에게 낯익은 '에이리언'의 세계를 어느 정도 강화하는 것으로 받아들임을 암시한다. 그것의 성격은 오직 그 시리즈의 제1편에서 당면한 요소들에 의해서만 결정되고 다른 모든(본질적으로 무관한) 소재는 제거되었으며, 결국 '에이리언' 세계의 본질에 대한 일종의 압축 또는 승화로 귀착한다. 이외에도 우리는 《에이리언 3》이 '입방체로 만든 에이리언'이 될 수도 있음을 상기할 수 있다——그리고 앞으로 올 영화에서 그 에이리언을 감금하려는 다양한 시도들(유독성의 폐기물 용기 안에, 미궁 같은 복도에, 납으로 만든 주형(鑄型)에, 그리고 마지막에는 과냉각한 납 덮개 속에)을 끊임없이 강조하는 것을 생각할 수 있을 것이다. 이런 시도의 배경——그 영화의 세계이고, 그 영화의 에필로그에서 끝난 숨막힐 듯 봉쇄된 최대의 안전 감옥——은 다만 감독으로서 핀처가 우선해야 할 첫째 임무가 종결되었다는 강력한 암시를 할 뿐이다. 그의 목적은 '에이리언' 시리즈를 여는 게 아니라 닫는 것이다. 이 단계는 그 전개상 그 마지막이 될 것이다.

우리는 이 시신들을 허공으로 보냅니다

마치 이것을 강조하려는 듯 핀처는 사실상 그 영화를 끝내는 타이틀 화면으로 《에이리언 3》을 시작한다. 한 화면 한 화면 뛰어난 편집으로 아주 짧고 아름답게 이루어진 화면에 영화의 메인 타이틀이 삽입되며, 우리는 페이스허거 에이리언(여왕이 여기에서 방출되기 전에 낳은 알에서 부화된) 하나가 '술라코' 호의 극저온실에 침입, 리플리의 극저온 관으로 침투해 그녀의 얼굴에 들러붙는다. 에이리언의 산성을 띤 몇 방울의 피가 방에 불을 내고 우주선은 자동적으로 세 개의 극저온 튜브를 모두 '술라코' 호의 비상 탈출 로켓 본체로 이동시킨다. 그리고 그것은 긴급 탈출해 피오리나 161의 대기 속으로 뛰어든다. 로켓 본체가 물 위에 동체 착륙하자 우리는 그 행성이 'YY 염색체' 죄수들을 수용하는 최대 보안조치의 교도 시설 역할을 하는 외계의 은닉된 광물 정련소를 수용하고 있다는 소리를 듣는다.

이 오프닝 장면의 각 요소는 아주 짧고, 때로는 그것이 함축하는 것을 모두 파악하기 어렵지만 그 장면의 전반적인 중요성은 처음 보더라도 부정할 수 없다. 리플리가 그녀의 시련이 시작된 이후 악전고투해 온 운명, 성차(性差)와 여성의 생식력에 대한 악몽 같은 환상이 있을 수 있는 최악의 상황으로 구현된 것을 미처 영화가 제대로 시작되기도 전에 실감하게 된다. 그 동체 착륙의 유일한 생존자로 확인된 그녀를 비상 탈출 로켓 본체에서 끄집어 내 수술대 위에 놓는 것을 보는 순간부터 우리는 그녀가 (마치 사라 코너를 반향하는 양 그녀가 나중에 말하듯) '이미 죽은 것'을 안다. 그녀는 피할 수 없는 에이리언의 탈출 후까지 육체적으로 생존할 수 없으며, 그 시리즈 전체에 걸쳐서 그녀 마음속 깊이 파묻힌 충동은 침투당하려 하지 않는(에이리언에 의해서건 남자들에 의해서건) 그녀의 정신적 정체성을 위험에 내맡기는 것이기 때문에 그것의 이입을 알고서 그녀의 정신 역시 살아남으리라 기대할 수는 없다.

이 오프닝의 더없는 무자비함은 그 대담무쌍함에 움찔하게 한다. 핀처는 리플리가 스스로 대처하는 능력과 우리의 오랫동안 깊어져 온 동일시, 그녀가 강력히 구현하는 양육하는 전사의 이상, 그리고 《에이리언 2》의 후반부에서 그녀가 거둔 명백한 승리에서 우리가 받는 만족감에 최대한의 역량을 발휘하고는 그것들을 완전히 부정했다. 그리고 피오리나 161에서의 리플리의 모험에 관한 그의 이야기에 나오는 모든 것은 (데이비드 길러와 월터 힐, 레리 퍼거슨)이 의해 대본에 썼듯이) 그것에 의해 의미를 상실한다――결국 그녀의 생각과 행동·경험은 기껏해야 일종의 죽음 같은 삶이 될 것이다. 이미 그녀에게 일어난 일을 판단할 때, 그녀에게 이미 일어난 일에 대해 점차적으로 분명해지는 깨달음——그녀의 삶이 이미 끝났다는 깨달음——외에는 진정으로 중요한 그 어떤 일도 그녀에게 일어날 수 없다.

그것으로 핀처는 이 소재를 가지고 작업하는 어느 감독이라도 레퍼토리에 필수불가결한 것으로 간주했을지 모르는 자원——긴장감을 유지하거나 이야기에 추진력을 부여하는 능력, 다음에 무슨 일이 일어날지 알고자 하는 관객의 욕구를 조종하고 주인공의 운명이 플롯의 뜻밖의 전개와 방향 전환에 기대는 듯이 만드는 기량——을 스스로에게서 박탈한다. 관객과 핀처와의 관계는 따라서 그의 선임자들——특히 제임스 카메론——의 경우와 근본적으로 다르다. 그는 우리가 그의 영화에서 기대하는 것을 만족시키기를 대단히 설득력 있게 거부함으로써 희망이 그렇게나 빨리 또 그렇게나 결정적으로 제거된 영화에서 우리가 바랄 수 있는 만족이 무엇인가 하는 질문을 우리에게 (그리고 자기 자신에게) 억지로 떠맡긴다.

시리즈 안에서 이 영화에 부여하는 비평적·상업적 호의가 상대적으로 부족한 이유는 내가 보기에 바로 이 낯익은 영화적 즐거움을 핀처 방식으로 거부하는 것으로 오프닝 장면을 인식하는 데 일반적으로 실패한 것이다. 리플리와 죄수들이 다양한 방법으로 에이리언을 주물 공장의 미로 같은 복도로 끌어들이려고 시도하는 영화 결말부에 대해서 특별히 실망을 나타낸다. 관객은 정련소의 전체적인 지리에 대해 아무것도 알 수 없으며, 전략상 중요한 복도의 교차점이나 봉인된 문과 치명적이지 않은 상대를 알아보는 것은 말할 것도 없고, 에이리언이 그들을 잡아 죽이기 전에 겨우 한 까까머리 남자와 다른 까까머리 남자를 구별할 수 있을 뿐이다. 하지만 핀처는 여기에서 통상적인 서스펜스 및 공포 구조를 만들어 내려고 시도하거나 만들어 내는 데 실패하고 있지 않다. 이 마지막 짐 승 사냥 지대는 실측이 불가능하며, 그 사건들을 드러냄으로써 혼란에 빠뜨리고 흥미를 잃게 한다. 핀처는 언제나 그런 서사적 인위 구조의 본 질적 의미에 대한 믿음을 이미 상실했기(그리고 그의 관객에게서 박탈하 기 위해 이미 그의 최선을 다했기) 때문이다. 짐승을 죽이는 것을 피하거 나 죽이려고 애쓰는 일은 무의미하다는 인상을 준다. 핀처에게 있어서 그것이 무의미하기 때문이다. 그는 이야기의 요체(우리가 서로 이야기하 는 것과 우리 자신의 삶을 이야기로 생각하려는 시도)가 되는 연속된 사건 들이 그저 관련 없이 산만하게 보이도록 그의 '에이리언' 세계를 설정했 다. 그는 우리에게 '플롯'——이어 붙인 사건들의 변화와 결과——은 '에이리언'에 흥미가 있는 그와 우리의 마음이 진정 놓여야 할 곳이 아 니라는 것을 말하려고 애쓰고 있다.

타이틀 화면에 이어오는 영화의 첫 단계는 바로 인접한 그 전임자에게 관심을 돌림으로써 계속해서 우리의 기대를 가차 없이 무산시킨다. 우리 가 보았듯이 제임스 카메론은 리플리가 양육하는 전사의 이상을 달성한 데 대한 보상으로 그녀 육체의 생식력을 인정하지 않고서도 그녀에게 가 족을 얻게 하는 것으로 《에이리언 2》를 종결했다. 핀처는 리플리에게서 남편과 자식 양쪽 모두를 박탈——마치 그들이 언제까지나 다만 꿈이었 던 듯 그녀는 깨어나 그들이 이미 죽은 것을 발견한다——할 뿐만 아니 라 그녀에게 뉴트를 검시하게 하는 것으로 영화를 시작한다. 클레멘스가 뉴트를 개복하고 무서워 떠는 리플리의 눈앞에 그 몸통을 드러내 보이기 위해 필요한 수술 기구들을 정렬시키고 전개하는 것을 보여 주는 화면 은, 마치 리플리 자신이 외과 의사의 칼 아래 놓이게 되는 양 너무나 강 렬해서 거의 견딜 수가 없다. 그러나 사실 이 감정에 흔들리지 않는 냉정 한 해부의 진정한 대상자는 《에이리언 2》이고, 따라서 제임스 카메론이다. 핀처는 사실상 카메론이 그 시리즈에 중추적인 기여를 했음을 인지하고 '에이리언' 세계로부터 그것을 적출했다. 마치 그것이 죽었을 뿐만 아니라 잠재적으로 전염성이 있는 듯이, 마치 (모골을 송연케 하는 자극적인 액션 전개와 서스펜스, 박력 있는 이야기의 위풍당당한 도움에도 불구하고, 또는 도움 때문에) 《에이리언 2》 스스로에게서 그 시리즈를 제거해 버린 것처럼, 그것을 (그리고 그것에 대한 카메론의 약정을 받아들인 어떤 후계자라도) 출처가 불분명하고 김빠진 것으로 매도한다. 핀처의 해부는 클레멘스가 뉴트에게서 발견하지 못한 것과 마찬가지로 《에이리언 2》에서 진짜 에이리언의 생명의 아무런 조짐도 발견하지 못한다. 그 수술을 행함으로써 그는 그 시리즈를 그것 자체로——그 주인공과 상대역에 대한 우리의 표면적으로는 억누를 수 없는 흥미와, 주인공과 상대역 간의 서로 끌리는 동시에 반발하는 마음이 일게 하고 또 지속시키는 형이상학적 의문으로——되돌려 놓을 작정임을 선언하고 있다.

핀처가 형이상적인 본질에 끼어들기로 결정한 것은 주물 공장의 용광로에서 힉스와 뉴트를 화장하는 모습을 보여 주는 영화의 첫부분 또는 행동의 정점에서 공공연해진다. 그 장면은 매우 우아하고 경제적으로 한번 더 정리된다. 시체들을 신속히 처리하기 전에 경찰서장 앤드류의 형식적이고 그저 의무에서 나온 발표에 이은 죄수들의 지도자 딜런의 진심 어린 연설과 인간 세상으로부터 자기 스스로 추방시킨 이들 범죄자들을 하나로 묶는 "종말론적 천년 왕국설 신봉자의 그리스도교 근본주의"가 배후에 깔린 격려는 몹시 감동적이다. 그리고 두 경우 다 중간에 ('술라코' 호에서 나온 비상 탈출 로켓 본체 안에 내려놓은 페이스허거가 침입한) 개 숙주로부터 에이리언이 탄생하는 장면이 대비를 이루며 삽입된다.

앤드류는 두 시신을 "우리의 밤 그림자로부터 데려다가 모든 어둠과 고통으로부터 해방시킨다"라고 말한다. 그는 고통과 죽음에서 벗어나거나 초월하는 수단을 구현한다고 생각되는 종교적 신념의 한 형태, 즉 그 의미가 감소되거나 해명될 수 있을지도 모르는 어떤 시각을 분명히 말한다. 대조적으로 딜런은 묻는다.

　결백한 사람들이 죄를 받는 이유가 뭡니까? 왜 희생을, 왜 고통을 당할까요? 어떠한 약속도 없고, 확실한 것이란 아무것도 없습니다——단지 어떤 사람들은 부름을 받는 것, 어떤 사람들은 구원받는 것뿐이지요. 우리는 기쁜 마음으로 이 시신들을 허공으로 보냅니다. 각 씨앗마다 안에 꽃의 희망이 있으며, 모든 죽음 속에는 아무리 작을지라도 언제나 새 생명, 새로운 시작이 존재하기 때문입니다.

　요컨대 딜런은 그의 신앙이 이들 의문에 대해 어떤 대답을, 이 '문제들'에 어떤 해결책을 준다는 것을 부정한다——마치 더 많은 선을 초래하는 데 없어서는 안 되는 것으로 간주되는 부당한 고통까지도 (그리스도교 신학이 무고한 자들의 고통이 인류 전체를 위한 압도적인 선을 달성하기 위한 신의 계획의 일부라면 보다 가치가 있을 것이라고 주장할 때처럼) 그것을 겪어야 하는 무고한 개인에게 조금은 덜 고통스럽고 받을 가치가 있는 것처럼 인간의 고통이 분해되거나 사라질 문제가 아니기 때문이다. 딜런은 비는 의로운 자들 위에도 불의한 자들 위에도 똑같이 떨어진다는 것, 자연계는 도덕적 황폐함에 따라 상벌이 분배될 정도로 체계화되어 있지 않다는 것, 그리고 그 세상에 적절한 종교적인 반응을 하려면 이를 인정해야만 한다는 것을 알고 있다.

　그렇다면 딜런에게 있어서 인간의 삶은 우발적인 사건과 고통, 죽음에 대한 취약성——육체의 법칙——과는 별도로 이해될 수 없다. 따라서 진정한 인간 존재는 우리의 구체화된 도덕성을 부정하거나 설명함으로써 성취되는 것이 아니라 그것이 주는 부담을 인정함으로써 성취된다. 그리고 이 부담에는 세상이 우리의 의지뿐만 아니라 자아(적어도 세상에 대한 이런 새로운 시각을 거부하는 자아)와도 독립된 것이 포함된다. 딜런 은 새로운 삶, 새로운 시작——인간 삶의 탈바꿈——에 대해서 이야기 한다. 그러나 그는 그 새로운 삶에 대한 희망을 옛 자아의 죽음에 뿌리박 게 하며, 옛 자아를 그로부터 우리가 구원된 어떤 것, 우리가 불림받은 어떤 것으로 이야기한다.

첫번째 요구는 변화와 보속은 옛것을 충분히 인정하는 것으로부터 생 겨날 수 있음을 암시한다——그리고 그의 죄수 공동체는 그가 거기에 수반한다고 받아들이는 것을 명시한다. 감금 상황에서 함께 머무는 가운 데 그들은 그들 벌의 정당성을 인정하고, 따라서 자신의 비행과 '살인자 와 강간범들'로서의 그들의 신원을 인정하기 때문이다. 그러나 그들은 또한 그 특별한 악행을 인간성 그 자체와 내면적으로 관련되어 있는 것 으로——개별 의지의 발휘를 넘어 악을 향하는 인간 고유의 죄됨의 한 양상으로 생각한다. 그들은 이렇게 그들 자신과 그들에게 공통된 인간성 에 대해 근본적으로 황폐하게 생각하며 살려고, 거주하려고 시도한다. 그들을 변화와 재탄생의 가능성을 향해 계속해서 열린 상태로 두는 것은 바로 '견딜 수 없는 것들을 견디려는' 그들의 발버둥일 뿐이다. 하지만 그의 더 나아간 또 하나의 주장은 이 새로운 삶이 우리가 우리 내부로부 터 요구하거나 불러일으키거나, 시작할 수 있는 어떤 것이 아니라는 것 이다——그것은 우리가 불림 받는 어떤 것이다. 구원되는 것은 은총, 곧 우리가 공덕을 얻지도 통제하지도 않지만 우리 자신이 그것을 향해 닫거 나 계속 열어두거나 할 수는 있는 신의 변화시키는 사랑이 아무런 대가 없이 발휘되는 것을 경험하는 것이다.

그렇다면 왜 핀처는 아무리 하찮은 것일지라도 각각의 죽음으로부터 생겨 나오는 새로운 삶에 대해 말하는 딜런의 짧은 담화와 한 마리의 개의 죽음으로부터 새로운 에이리언 생명이 탄생하는 것이 합쳐지도록 화장 장면을 편집하는가? 이것이 기약하는 정화(精華)가 누군가에게 기쁨을 줄 것 같지는 않다. 하지만 개 주인이 "어떤 동물이 개에게 이렇게 할까?"라고 물을 때 그는 자기 자신의 질문에 대답을 한다——그 본성이 그것을 요구하는 어떤 동물이. 에이리언이 인간에게와 마찬가지로 비인간에게도 기꺼이 수태시키리라는 것을 우리에게 깨닫게 함으로써 핀처는 삶, 곧 생존하고 번식하려는 그 멈출 수 없는 충동과 더불어 죽음 및 사멸을 향해 마찬가지로 어쩔 수 없이 개방 상태에 있는 생물학적인 것들의 세계는 그저 (더도 덜도 아니고) 자연스러운 것임을 암시한다. 에이리언은 그 본성의 요구대로 행하는 것일 뿐이며, 먹이가 되고 죽는 위협은 주어진 종의 삶 속으로 아주 이질적인 세력이 침입하는 것이 아니라 오히려 그것의 본질이자 전제 조건——부분적으로 자연계의 일부임을 의미하는 것——이다. 그런 문제들은 산 인간이 불가항력적으로 이어받은 것이고, 따라서 (앤드류의 그리도교 신앙이 그것들을 부인하려고 하듯이) 부인되는 것이 아니라 (딜런의 그리도교 신앙이 그것들을 인정하려고 하듯이) 인정되는 것이다.

그러나 만약 제멋대로 (사랑하는 사람들과 아이들, 재능과 행운, 건강과 질병, 삶과 죽음을) 주고 빼앗고, 또 모든 살아 있는 존재에게 그 자신의 생존과 만족을 위해 제거할 수 없음이 명백한 충동을 물려 준 것과 더불어 우리가 자연과 삶 속에 각인됨을 인정해야 한다면 의문이 남는다. 이들 문제에 대한 어떤 시각이 삶의 부조리 또는 무의미함에 자포자기에 빠지지 않은 채 그것들을 인간 조건의 일부로 일제히 받아들일 수 있게 할까? 인간은 그들이 무엇이고, 또 누구인지 충분히 인정하고도 여전히 그들의 삶을 의미 있는 것으로 단언할 수 있을까? 리플리는 가능할까?

화장 장면이 끝날 즈음 리플리는 인간 삶의 우연성, 전횡적으로 바뀌는 운명에 대한 인간 삶의 취약성을 철저히 경험하게 되었다. 아주 우연하게 그녀의 삶 속으로 출현해 다른 사람을 사랑하고 양육하는 그녀의 능력을 충족시킬 수 있을지도 모른다는 희망을 품게 한 두 사람을 상실한 후 그녀는 이제 자신이 산업혁명보다 더 진보한 인간 문화의 산물들을 빼앗기고 있는 세상——그 중세적 생활 조건이 그녀로 하여금 쓰레기 더미에서 제대로 움직이지 않는 과학 기술의 폐물들을 이용하고, 심지어는 머리와 생식기를 면도하게 하는 세상에 있음을 발견한다. 핀처는 리플리를 자신이 누구인지에 대한 확고한 실체를 찾아 나선 피골이 상접한 인간으로 변형시키고 있다.

그러나 우리는 이전의 '에이리언' 영화로부터 그 실체가 무엇인지, 에이리언의 훌륭한 상대로 '노스트로모' 호 승무원들로부터 그녀를 선발하고, 또 여왕 에이리언과 그녀의 결투에 불을 지핀 것이 무엇인지 이미 알고 있다——인간의 성과 생식에 관한 그녀의 악몽 같은 비전이다. 따라서 핀처가 긴요치 않은 리플리를 가차 없이 쳐낸 것은 우리와 그녀에게 그 악몽이 실현된 듯한 세계와 대면하게 한다. 피오리나 161은 그녀의 공포의 세계, 그녀를 현재의 그녀로 만드는 판타지를 구현한다. 그것은 그 본성이 바로 이제까지 그녀로 하여금 그녀의 성적·육체적 본연의 모습을 결연히 지키도록 몰아쳤던 남성성의 비전을 구현하는 남자들의 공동체를 수용한다. 그것은 에이리언을 섞어 넣는데, 그 에이리언이 교도소의 배기관과 복도를 확보하는 것은 그녀의 시각에서 볼 때 교도소 그 자체의 진실을 구현할 뿐이며, 그와 더불어 그녀는 이미 그녀 개인의 싸움에서 패한 것이다——그녀 쪽에서 결의가 부족해서가 아니라 단지 그녀의 취약점(특히 애매하게 의식을 유지하는 유한한 생물로서의 그녀의 무력함)을 이용하는 에이리언의 능력 때문이다. 그녀는 약물에 취해 강간당하고 임신했다. 그리고 그녀의 자식의 탄생은 그녀의 죽음을 의미하게 될 것이다. 그녀의 목구멍 안쪽이 찢어지고 그녀의 개인적 특성보다는 그녀가 여자라는 것에 죄수들이 소름끼치도록 병적으로 집착하는 것에 대항해 분투하며, 이 세상에 그녀의 목소리가 들리게 하려고 발버둥치는 것은 놀라울 것 없다. 핀처는 여기에서 한 번 더 제임스 카메론과 타협하거나 숙원을 풀고 있다. 《에이리언 2》 역시 에이리언에 의해 임신되어 바야흐로 출산을 앞두고 초수면 상태의 악몽을 견디고 있는 리플리로 시작하기 때문이다. 카메론은 그의 영화에서 리플리가 그런 악몽에서 깨어나는 데 필요한 치료를 하는 것으로 나타낸다. 핀처는 그의 영화에서 리플리가 카메론의 꿈에서, 그의 주인공의 성취된 실존을 구성하는 그의 판타지, 곧 우리 쪽의 적당한 노력으로 올바르게 되도록 만들 수 있는 어떤 것으로서의 인간 삶에 대한 그의 판타지에서 깨어나는 것으로 나타낸다. 핀처에게 있어서는 그 어떤 것도——심지어는 필요한 정도로 정서적으로 회복되어 남성 전사와 여성 양육자가 이상적으로 결합하게 된 경우라 할지라도——어떤 사람에게 행복한 결말을 보장하거나 사람들에게 사고나 불운을 면하게 만들 수 없다. 그리고 특히 리플리는 그녀를 둘러싸고 있는 죄수들이 여자들하고의 행복하고 충족된 관계에 적합하지 않은 것과 마찬가지로 행복한 가정 생활에 부적합하다. 그녀를 정의하는 것은 또한 에이리언이 아주 철저히 또 아주 오랫동안 서식해서 그녀가 '다른 것은 기억할 수 없는' 삶을 살도록 운명지어졌다는 것이다. 이런 의미에서 리플리는 에이리언 가족의 일원(그녀가 말하듯이 그리고 카메라가 그들의 외관에 있어서 가족 같은 유사성을 강조할 때 핀처가 암시하듯이)일 뿐만 아니라 에이리언이다. 그것은 그녀를 현재의 그녀로 만드는, 그리고 그녀가 언제나 품어온 악몽을 구체화한다. 따라서 《에이리언 3》에서의 에이리언은 기생동물이라기보다 희생물을 죽이는 것으로 시간을 소일하는 빈둥거리는 육식동물로 보인다. 에이리언 자체의 번식 능력은 순전히 리플리의 성공적인 임신 결과에 달려 있다——마치 리플리 자신이 그것의 여왕, 곧 그것 자신의 생명의 원천인 양. 따라서 또한 영화는 리플리 자신의 성격 또는 정체성을 한때 그녀가 탈출할 희망 없이 도망치도록 운명지어진 미로이자 그녀 마음속의 감금——그녀가 에워싸는 어떤 것이 꼼짝 못하게 그녀 주위를 차단하고 있는——으로부터 깨고 나오기를 열망하는 것으로 나타낸다.

그렇다면 《에이리언 3》에서 리플리가 처음으로 이성과의 성행위를 경험할 뿐만 아니라, 그것을 전수하고 그것을 즐겁고 충족시키는 것으로 간주하는 듯 보이는 사실을 우리는 어떻게 생각해야 하는가? 이것은 그녀와 같은 인간의 성적 관심의 특징에 대한 시각을 갖고 있는 사람에게는——특히 그렇게 자신의 가장 가까운 동반자들의 장례식 있은 후 그렇게 빨리——아주 걸맞지 않지 않은가? 여기에서 모든 것은 관련 장면에 이웃한, 그리고 일반적인 문맥에 의하여 결정된다. 아주 분명하게 그것은 핀처가 리플리에게서 생물학적으로 맺어지지 않은 가족을 박탈하고, 그녀로 하여금 외과적으로 까발려진 여성 육체의 물리적 실체(검시한 뉴트의 몸의 형태로)와 대면할 수밖에 없게 한 일이 있은 직후 일어난다. 이런 배경에서 볼 때 리플리와 클레멘스의 성행위는 남자와의 성적인 접촉을 통해 정서적인 위안을 찾으려는 시도로 보인다——마치 핀처가 카메론의 에이리언 세계를 무자비하게 전도한 것(카메론이 리플리가 성행위와 모성애의 생물학적 실체에 대해 끔찍이 혐오하는 것을 확인하고 그것에 탐닉하는 것을 핀처가 거부하는 것)이 그녀로 하여금 인간으로 구현된 것 그 자체에 대한 이전의 혐오를 극복하게 한 것처럼.

그러나 핀처의 충격 요법이 거둔 승리는 수명이 아주 짧다. 결국 클레멘스는 에이리언에 의해 거의 곧바로 살해되고, 그 다음 그 에이리언이 리플리의 보호자 역을 이어받게 된다. 그것의 남근 모양의 폭력과 자신의 자식에 대한 배타적인 관심은 클레멘스의 점잖은 호의보다 성적 협력 관계의 본질을 더 정확히 표현하는 듯하다. 핀처가 그 장면을 더 확대해 나타내는 것이 이를 확인하는 듯하다. 그것은 에이리언이 리플리를 강간하고 임신시키는 것에 선행되고, 그녀가 에이리언의 자식을 출산하는 것으로 이어지며, 잔학한 공격 행위로 대치되기 때문이다. (우리는 리플리가 클레멘스에게 그녀에게 끌리는지 묻는 것을 보고, 그후 그가 그녀에게 고마워하는 것을 보지만, 그 사이의 공간을 차지하는 것은 낭만적으로 표현된 그들의 성애 행위가 아니라 에이리언이 최초로 한 죄수에게 치명적인 공격을 가하는 것이다.) 그는 이렇게 리플리와 클레멘스의 섹스를 에이리언에 의한 리플리의 임신과 동일시한다——마치 리플리 자신이 이성과의 성행위를 살인적인 폭력 행위로, 임신을 기생 동물의 침입으로, 그리고 출산을 바로 신체의 치명적 배신 행위로 인식하는 것이 불가피함을 확인하는 듯이. 클레멘스가 (피하 주사로) 그녀의 몸으로 두번째 침투한 후 에이리언이 곧 나타나는 사실은 다만 이것을 보강할 뿐이다. 그것은 마치 리플리가 그녀의 몸을 성적으로 침입하는 것을 허용함으로써 그녀가 에이리언을 격퇴하는 힘이 있다고 생각하는 순결을 더럽히고, 그래서 에이리언이 그녀의 세계로 되돌아오도록 이끈다고 생각하는 듯하다. 그녀는 그렇게 쉽게 자기 자신으로부터 도망칠 수가 없다.

영화에서 리플리와 클레멘스의 만남을 리플리와 에이리언의 만남과 동일하게 놓는 완전한 의미는 리플리가 초수면 상태에서 그녀에게 무슨 일이 있었는지 정말 전혀 눈치 채지 못하는지 질문해 보면 드러난다. 결국 타이틀 장면에서조차 페이스허거의 침투가 마치 그녀의 무의식적인 마음속에 자신의 어떤 흔적을 남겨 놓은 듯 그녀의 수면을 방해하는 증거가 있다. 그리고 무슨 일이 일어났는지 그녀가 깨닫게 되는 과정은 그녀에게 아주 새로운 무엇인가를 발견하는 것으로서 그 사실에 대한 그녀의 최초의 억압을 극복하는 과정만큼이나 쉽게 알아볼 수 있다. 그녀의 아침 헛구역질은 과도한 초수면의 증상으로 보일 수도 있음을 우리는 받아들일 수 있다. 그러나 어떻게 에이리언이 클레멘스를 죽인 후 그녀를 공격하기를 거부한 의미를 그녀가 이해하지 못하거나, '술라코'호에 승선해 활동중인 에이리언의 존재에 대한 비숍의 확인에서 그녀가 희생자였을 것이 틀림없다는 결론——뉴트와 힉스가 감염되지 않았기 때문에——을 끌어내지 못할 수 있겠는가? 확실히 신경 스캐너의 소름끼치는 확증적인 상(像)에 대한 그녀의 반응에는 거의 놀라는 기미가 없다.

그렇다면 피오리나 161에서의 첫 순간부터 리플리가 자신이 이미 성적 침입의 대상이 되었음을——어느 정도——알았다고 하면 섹스를 하려는 그녀의 갑작스럽고 전례 없는 욕망은 두 가지로 이해될 수 있다.

첫번째 방법에 의하면, 그녀의 클레멘스와의 성행위는 그 최초의 조우가 있었음을 알리는 징후가 되는 반복이다. 마치 어떤 사람이 심하게 정신적인 충격을 받은 경험을 곧 전적으로 인정할 수는 없으리라고 예상하는 것처럼. 이 억제하기 어려운 갑작스런 욕망은 그녀의 신체가 그것과 그녀에게 일어난 일을 즉시 밝히고 감추는 방식이다. 그녀는 그 성격상 최초의 외상의 정확한 재현이자 그에 대한 완벽한 표지 특집 기사가 되는 하나의 행위를 행하도록 내몰린다.

대조적으로 두번째 독법에 의하면 에이리언에 의한 리플리의 별난 임신은 그녀가 클레멘스와 인간적으로 의미 있는 성행위를 하는 것을 가능하게 만드는 것이다. 결국 《에이리언 2》의 양육하는 전사(또 《에이리언》의 고양이 애호가조차)는 사랑을 주고받으려는 인간의 평범한 욕망을 거의 상실하지 않은 것이다. 그녀는 표현의 자연스러운 매체 또는 수단인 육체의 성질에 정말 전율하는데, 거기에서 그것은 형이상학적으로뿐 아니라 문자 그대로 창조적이 될 수 있으며, 따라서 그녀가 바라는 것을 달성하기 위해 의식적으로 행동할 수가 없다. 하지만 《에이리언 3》의 세계에서는 그 타이틀 화면이 정의하듯이 리플리는 그것을 의도하지 않고도 이미 이성과의 성행위에 관한 최악의 악몽을 겪고 살아남았다. 따라서 (그녀가 자신에 관해 이것을 안다면) 그것은 실제 인간 이성과의 성행위의 신비가 제거된 세계, 따라서 그녀에게 실제로 선택권이 있게 된 세계이다.

클레멘스와의 장면을 연기하는 시고니 위버의 고요한 자신감(청하는 그녀 목소리의 온화한 무미건조함)은 이 독법 중 두번째 것이 옳음을 암시한다. 그녀와 클레멘스의 성행위는 그녀가 현재의 자신을 이해하는 일의 전조가 되는 확인(에이리언을 임신한 것이 인간의 성에 대한 가공할 진실을 구체화함을 확인하는 것)이라기보다, 짧지만 강렬한 자기 극복의 달성(인간의 성에 대한 진실이 에이리언의 임신이라는 구체화한 악몽에 의해 감추어진 것을 확인하는 것)이다. 그러나 결국 그 달성은 곧 쓸모없게 되어 버린다. 그녀가 직면해야 할 현실은 클레멘스는 죽고, 그녀는 여왕 에이리언의 숙주가 되는 것이다――인간의 성에 관해 잠시 일견한 진리는 그녀의 악몽이 실현됨으로써 흔적도 없이 사라진다. 이제 문제는 그녀가 어떻게 그 거대한 되풀이에 반응하는가이다.

맨 처음 그녀의 반응은 자살 충동이다. 그러나 그녀의 표현대로 "내가 해야 하는 것을 할 수가 없어"서 그녀는 다른 사람의 도움을 구하려고 애쓴다――처음에는 일리언의 주목을 끌어 자신을 죽이게 하려고 하다가, 나중에는 그녀가 원래 힉스와 함께 만든 서로 죽이기로 한 협정 중 한 편을 딜런에게 재시행하게 하려고 함으로써. 그는 거절한다. 전적으로 의외라 할 것도 없는 것이 그리스도교 신앙은 자살을 모든 죄 중 가장 나쁜 죄, 곧 성령에 위배되는 죄로 간주하기 때문이다. 그것은 궁극적인 절망의 표현으로, 죄인은 결정적으로 신을 배척하는 그런 방법으로 고립적이 된다. 딜런의 말에 의하면 자살은 그녀의 죄 많은 자아를 인정하며, 죽는 것이라기보다 그것이 그녀를 완전히 에워싸 압도하게 하여 그것으로 은총의 가능성으로부터 그녀 자신을 차단한다. 처음에는 그녀의 요구에 응하는 척하고 나서 그녀가 큰대자로 누운 독방 창살에 그의 화재용 도끼를 내리쳐서 그는 그녀에게 이 충동을 극복하도록, 그녀 안의 그 충동의 손아귀에서 헤어날 수 있음을 깨닫도록 가르치려 하고, 또 그녀의 상황이 전화위복이 되게 한다.

그리고 과연 그녀는 이렇게 한다. 에이리언의 주목을 끌어도 그녀가 공격받지 않는 것은 에이리언을 절멸시키려는 죄수들의 시도가 결국 성공하는 데 절대로 없어서는 안 되는 것이다. 그러나 그때 그녀는 마지막 시련에 직면한다. 중앙정보국의 과학팀이 도착한다. 그녀는 그들이 전사 에이리언을 포획하지 못하게 한다. 하지만 여왕이 그녀의 몸 안에서 움직이고 있다. 인조인간 시리즈의 인간 디자이너임을 주장하는 비숍 2는 그것을 수술로 적출하여 절멸할 것을 제안하며, 그녀에게 살아서 아이를 낳고 에이리언이 죽었음을 알 기회를 끝까지 버리지 않게 한다. 그러나 리플리는 그를 신뢰하지 않는다——할 수가 없다. 그 대신 그녀는 두 팔을 벌리고서 얼마 전에 그녀의 남편과 아이의 시체를 집어삼킨 용광로 속으로 나가떨어진다. 그녀가 불길 속으로 내려가자 여왕 에이리언이 뚫고 나온다. 리플리는 장갑을 낀 두 손으로 에이리언을 부드럽게 안고서 마치 젖을 먹이려는 것처럼 왕관을 쓴 그것의 머리를 그녀의 한쪽 젖가슴에 올려 놓는다.

'에이리언' 세계와 리플리 자신의 본성의 논리가 마침내 여기에서 극점에 달한다. 에이리언이 그녀 내부로부터 발생한 때문에, 그것이 그녀의 가장 깊은 공포를 구현하는 투사(投射)이기 때문에, 그녀는 자기 자신을 제거함으로써만 그것을 제거하는 데 성공할 수 있다. 그리고 그들이 합동으로 제거된 것은 '에이리언' 세계 자체의 제거에 해당한다. 합동한 그들의 존재가 현재의 그것을 만들었기 때문이다. 그것은 마치 《에이리언 2》에서의 그 포용력 있고 긍정적인 국면 뒤의 이 가공할 우주는 너무나 급진적으로 수축을 겪어, 오직 그것의 완전한 붕괴만이 적절한 결말을 만들어 낼 수 있다. 여기에서 달성된 종결은 매우 확실하고 한꺼번에 아주 많은 수준에서 그 허무주의를 거의 감추는 우아함이 있다.

그런데 결국 우리는 리플리가 달성한 것을 그녀 스스로의 제거 또는 에이리언과 그 세계의 본성을 지시한 그녀 안의 그것의 제거로 보아야 하는가? 그녀는 단순히 그녀 자신을 파괴한 것인가, 아니면 그녀의 자기 파괴는 또한 자기 극복이기도 한가? 결국 글자 그대로 말해서 그녀의 죽음은 에이리언의 생명의 근원을 파괴하며, 사실 그것을 파괴할 수 있는 유일한 방법이다. 그리고 그녀는 자궁 밖에서의 그것의 삶의 처음이자 마지막 순간에 여왕 에이리언에게 분명히 위안과 구원을 준다——마치 그녀가 출산이라는 가장 끔찍한 악몽의 실현을 경험한 것처럼, 그리고 그것으로부터 헤어났을 뿐만 아니라 그녀의 자식을 어머니로서 돌볼 수 있는 자신을 발견하기도 한 듯이. 확실히 그녀는 마치 운명에 의해 말을 못하게 된 듯 조용히 그것을 진정시킨다. 그러나 그녀의 추락에 잇따라 영화가 최종적으로 재생한 '나르시서스' 호로부터의 그녀의 마지막 조난 구조 신호가 이어진다. 마치 그녀의 마지막 행동이 그녀의 에이리언 다른 한쪽에도 불구하고 처음으로 취득한 그녀 자신의 목소리를 회복하는 것에 해당하는 듯이. 그리고 나아가서 그녀의 죽음이 갖는 그리스도교의 이미지——핀처가 그녀의 죽음의 돌진을 그로써 인류가 구원되는 십자가에 못박힘으로 표현한 것——는 우리가 이 자기 희생에서 삶을 긍정하는 어떤 것을 발견할 수 있는지 묻는다.

확실히 딜런은 그럴 것이다. 그의 공동체가 본 바로는 에이리언은 용,

곧 그 본성이 그것들로 하여금 그것들 자신의 범죄의 희생자들에 의해 서식되는 입장에 놓이게 둔 악마와 같이 강력한 살인자이자 강간범이었다——요컨대 그것들의 죄 많음을 구체화한 투사였다. 따라서 리플리가 단순히 에이리언으로 하여금 그녀를 통해 스스로를 번식하도록 허락하기를 거부한 것, 인간 세계에서 그것의 전진하는 유전 매개체로 행동하기를 거부한 것은 피오리나 161에서 남아 있으려는 공동체의 동기——그들 안의 죄 많음을 인정하고, 그들이 그것을 번식하는 것을 막고, 그날 밤 그들로 하여금 그것을 이겨내도록 허락한 은총을 기다리는 그들의 집단적 결의——를 구현한다. 딜런에게 있어서 리플리의 행동은 그가 그 은총——그녀가 자기 자신으로부터 구원되어, 그리스도를 본받도록 불림 받았다는 것——을 받았음을 분명히 할 것이다. 그녀는 심지어 죽음으로써까지 공동체의 죄 많음을 자신이 떠맡았으며, 자기 희생의 순수성은 구원의 희망을 품게 한다.

그러나 정말로 '에이리언' 세계의 완전한 끝을 새로운 시작으로 볼 수 있을까? 그런 세상에서 육체의 부활을 믿는다는 것은 무엇을 의미할까?

우리는 의도한 것이 아니다

일곱 가지 대죄의 하나를 예증하려는 방식으로 각 희생자들이 죽는 연쇄 살인범을 추적하는 데 그 초점을 맞추는 데이비드 핀처의 다음(그의 두번째) 영화는 분명히 《에이리언 3》에서 처음으로 표현법을 발견한 관심——종교적 신념의 의미, 인간의 삶과 인간이 만들고 거주하는 세상에 대한 인간의 이해 가능성, 이상적인 종결과 그것을 극복하는 일에 대한 의문들——을 더욱 발전시킨다. 그러나 《세븐》은 핀처가 그가 마음만 먹으면 서사적 인습을 완벽하게 이용할 수 있음을 명백히 보여 준다. 그 빈틈없이 짜이고 손에 땀을 쥐게 하는 구성(앤드류 케빈 워커 작) 안에서 두 형사 주인공들이 살인자가 목적을 실행에 옮기기 전에 살인자의 신원뿐 아니라 그의 목적의 성격을 알려 줄 실마리를 찾아내고 해석하기 위해 시간을 다툰다. 그리고 영화는 또한 관객의 일반적 기대를 교묘히 조종함에 있어서도 탁월하다. (형사들이나 살인자나 모두 말하자면 그들이 평소대로 외부에서부터 방해하려 하거나 완수하려 하는 중인 연속된 사건 속으로 말려드는 그 클라이맥스는 대단히 유명하다.) 그리고 가장 근본적인 차원에서 그것은 그런 일반적인 순서를 가능하게 만드는 조건에 대한 비판적인 연구——특히 살인자의 목적과 행위는 이해될 수도 있다는 가정에 대한 연구이며, 따라서 인간의 행동 그 자체는 무슨 의미이건 간에 어떤 의미를 갖는다는 것이 무엇인지에 대한 연구이다.

그들이 부닥치는 살인들이 그냥 행위——단지 인간이 서로에게 전혀 생각 없이, 분별없이 행한 잔인한 일을 보여 주는 좀더 많은 사례들일 뿐만은 아니라는 것은 서머세트 형사(모건 프리만)가 이 사건을 다루는 방법에 중요하다. 그것들은 의미를 갖고 있으며, 만약 서머세트가 그 의미를 이해할 수 있다면, 살인자가 그의 희생자들을 취급함에 있어서 그리고 취급하는 것을 통해서 말하려고 하는 것을 이해할 수 있다면 그는 가해자의 진로를 예언하고 신원을 밝힐 수 있을 것이다. 그렇다면 존 도가 말하려고 하는 것은 무엇인가? 그의 그림은 무엇을 의미하는가?

각 사건마다 특정 대죄를 범한 개인은 그의 죄를 확인하고, 동시에 그런 죄스러운 행동이 만연하고 비판이나 의문 없이 수용되는——심지어는 칭송되는——더 넓은 인간 공동체에 대한 종교적 경고 역할을 하는 의미에서 살해된다고 풀이하도록 부추기고 있다. 그러나 이런 해석에 대한 한 가지 난점은 각 사건마다 죽은 자는 관련된 죄악을 범하지 않았다는 것이다. ('정욕' 살인의 경우, 확실히 매춘부에게 행해졌으나 호색적인 것은 그녀의 고객이다.) 또 하나는 죄가 있는 사람들이 언제나 죽는 것은 아니라는 점이다. (이것은 호색적인 고객의 경우뿐만 아니라 '나태'의 희생 자인 빅터 알랜과 '분노'의 본보기인 밀즈 형사의 경우에도 해당된다.) 우리는 더 나아가 존 도가 그의 희생자들 중 누구를 살해한 것으로 간단히 기술될 수 있을지 의심을 가져 볼 수 있을 것이다. 오히려 그가 한 것은 그들에게 선택권을 준 것이다――그가 그들을 죽이거나, 그가 그들에게 돌린 죄의 본보기가 되는 행동을 그들이 행해야만 하거나(계속 먹는 일, 그들 자신의 살 4근을 잘라내는 일, 계속 마약을 투여하는 일, 톱니가 있는 음경 모양의 성 기구를 걸치고 섹스를 하는 일). 중에서 택할 선택권을 각 경우 그들의 선택은 그가 그들을 살해하지 않아도 되게 한다. 그들은 그 행동이 그들의 심리적이고/이거나 육체적인 파멸로 귀착될 때조차 이미 존 도가 그들을 정신적으로 죽였다고 믿는 방식으로 행동하는 것을 선택해 차라리 자살을 하는 것이다. 이것은 자살을 도운 것, 또는 적어도 자멸을 도운 것이라고 부르는 것이 더 정확할 것이다.

이 해설은 확실히 첫 네 건의 범죄(탐식 · 탐욕 · 나태 · 정욕)에는 들어맞는다. 그것은 '교만'의 경우에는 정확히 들어맞지는 않지만 여기에서 존도는 그의 희생자에게 도움을 청하는 전화를 할 기회를 주고, 그녀는 대신 상해로 죽는 쪽을 선택하는 터라 그가 그녀의 살인자인지는 훨씬 더 명백하지 않다. 그리고 '시기'와 '분노'의 경우 존 도는 그의 죄스러운 시기심을 표현하는 행동(밀즈 아내의 목을 베는 것)을 그만두기보다는 죽음을 선택하고, 밀즈는 도에 대해 복수하기를 그만두기보다 심리적 · 도덕적 자멸을 선택한다.

그러므로 우리는 도의 설교를 단순히 구약 성서의 분노를 행동에 옮기는 것으로――마치 그것의 종교적 의미가 신의 사형 선고를 실행하는 것인 양——받아들일 수만은 없다. (결국 분노는 그가 자기 자신과 동일시하는 죄가 아니다.) 그가 공동체에게 하는 연설의 교훈은 차라리 우리의 죄 많음이 팽배하고 (본래의) 우리 인간성 깊이 뿌리박고 있으며, 그것이 우리를 죽이고 있다. 그것이 말 그대로 죽음을 가져오지 않을 때라도 그것은 우리 안의 인간 정신인 우리 영혼을 죽인다는 것으로 보인다. 나의 설교는 자멸을 확실하게 구체화하고, 그것으로 우리가 우리 자신에게 무슨 짓을 하고 있는지, 우리가 무엇이 되었는지 이해할 마지막 기회를 우리에게 주려는 것이다. 그래서 우리에게 다르게 행할 마지막 기회를 주려는 것이다. 서머세트가 읽는 그의 공책에 씌어진 인용구에서 그가 표현하듯이, "우리는 아무것도 아니다. 우리는 의도한 것이 아니다."

'우리'라는 것에 주목하라. 죄의 절대적인 팽배에 대한 의식이 주어져도 그가 완전한 일관성을 유지할 수는 없기 때문에 도는 그의 진단에서 자기 자신을 면제시키고 있지 않다. 그의 설교에는 이렇게 자기 자신도 들어가 있다. 그것의 완성 또는 종결은 밀즈의 정상적인 생활을 시기하는 자신을 벌하려는 그 자신의 자발성에 좌우되며, 더 나아가서 그를 포함시키는 것은 전 주기(週期) 또는 순서가 시기(猜忌)의 표현임을 암시한다. 어떤 의미에서? 부분적으로 그것은 신에 대한 시기이다. 도는 그리스도교에서 오직 신에게만 유보한 다른 사람의 영혼을 심판하고 벌하는 특권을 남용한다. 그러나 좀더 일반적으로는, 비록 그가 사랑에서 나온 할 일을 할지라도 그 사랑(다른 인간을 조직적으로 고문하고 살해하는 것으로, 그가 더 큰 선이라고 간주하는 것을 위해 기꺼이 그들에게 고통을 주는 것으로 표현되는)이 본질적으로 잘못 겨냥된(《에이리언 3》에서 그리스도교의 신에 대한 앤드류의 개념이 잘못 겨냥된 것처럼) 도의 신념을 가리킨다. 이것은 도서관에서 복사하고 있는 서머세트가 보게 되는 문서의 하나에 의해서 분명해진다. 그것은 단테의 연옥에 대한 지력을 요하는 지형도를 나타나는데, 거기에서는 일곱 가지 대죄 모두가 사랑의 왜곡된 표현으로 나타난다——과도한 사랑의 형태로서의 탐식과 정욕, 탐욕, 결핍된 사랑의 어떤(사실상, 유일한) 형태로서의 나태, 그리고 잘못된 사랑의 형태로서의 교만, 시기 그리고 분노. (따라서 의도한 것이 되는데 우리가 실패했음을 각각 표현하는 모든 대죄에서 우리는 도가 생각하는 우리가 원래는 어떻게 의도——적절히 균형잡히고 올바르게 향한 사랑으로 구성된 존재——되었는지를 볼 수 있다.)

만약에 존 도가 그의 진단에서 자기 자신을 면제하지 않으면 그는 그를 추적하는 형사도, 따라서 법과 질서의 힘 그 자체도 면제하지 않을 것이다. 밀즈는 즉시 그 설교에 편입된다. 만약 그렇지만 않다면 칭찬할 만한 옳은 일을 하려는, 잘못을 한 사람들을 잡아 응징하려는 밀즈의 열정이 적절히 균형잡히거나 목표가 정해지지 않은 것을 도가 인지하기 때문이다——그것은 모두 너무 쉽게 그의 동료들, 그의 아내, 심지어는 변변찮은 신문사 사진사에게 표현된다. 그리고 비록 영화는 여러 가지로 밀즈의 성격과 서머세트의 성격을 대비시키지만, 선을 행하려는 밀즈의 지속적인 열정은 서머세트 자신이 부러워하는 (따라서 이 점에 있어서 도와 구분할 수 없는) 형사로서 그가 갖는 성격의 면모이다. 서머세트에게는 그 열정이 더 잘 균형잡히거나 관리되었다기보다 바야흐로 소멸되려는 참이다. 도시의 혼돈 속에서 고요하고 정돈된 서머세트의 개인적인 안식처는 세상을 배제하려는 시도이고, 따라서 그 세계로부터 그 자신을 배제시키려는 표현이요, 도시의 정신적 무질서로부터의 해방이다. 그러나 밀즈가 술집에서 법과 질서에 대한 그의 책무를 마음놓고 털어놓으며 그의 파트너가 그 책무를 포기한 것을 비난할 때 서머세트는 메트로놈을 내던짐으로써 이 비판을 은연중에 인정한다.

그러나 물론 도가 진단하는 죄 많은 세계 속에서 법과 질서의 힘의 공모는 이보다 더 팽배해 있다. 밀즈와 서머세트의 동료들 대부분은 전체적인 도시 주민의 도덕적 무감각을 공유하는 듯 보인다. 인간적 의미란 없는 모든 범죄는 그저 또 다른 직업일 뿐으로 그 희생자들과 방관자들과의 감정 이입의 아무런 흔적도, 또 그 가해자에 대한 아무런 비난도 이끌어내지 못한다. 행해지고 고통 받는 폭력의 이 끝없는 순환은 그저 삶이 그런 것일 뿐, 세상은 그저 늘 그래 왔던 것이고 또 늘 그럴 것이다. 따라서 체질적으로 그들은 도의 계획을 이 순환의 확대——더욱 의미 없는 살해, 더한 인간의 광기로 이해할 힘이 없다. 그리하여 그는 그들에게 범죄자 역으로 더 완벽한 후보자를 제공한다. 곧 가정 교육과 이력이 연쇄 살해범의 심리적 측면에 정확히 부합하는, '탐욕'의 범죄 장면에서 발견된 도움을 구하는 탄원에서 지문이 채취된 빅터 알렌을. 알렌은 그러나 다음 희생자——뇌가 파괴된 어떤 사람이고, 그 자신이 '나태'에 빠졌을 뿐만 아니라 경솔하게 그에게로 유도된 경찰의 나태를 보여 주는 좋은 예가 되는 사람으로 밝혀진다. 도의 관점에서 이 나태와 냉담에 훨씬 더 부합하는 단어는 '절망,' 곧 궁극적인 죄악이 될 것이다.

그럼 의문이 생긴다. 그 영화는 세상에 대한 도의 인식과 얼마만큼 공모하는가? 살인범의 견해를 승인하기 위해서 핀처는 자신의 영화를 얼마나 조직화했다고 할 수 있을까? 확실히 그 영화는 그 도시에 팽배한 냉담을 도 못지않게 호되게 비난하는 듯이 보인다. 대단히 호의적인 인물인 서머세트가 그 비난을 구현하고, 그 유일한 대안으로 바로 도가 제안한 것——올바로 통제된 사랑, "대가를 요하는, 수고·노력을 들이는' 사랑——을 제안하기 때문이다. 그러나 영화에서 사랑이 작용하는 삶을 가장 감동적이고 아름답게 실현한 광경——데이비드와 트레이시 밀즈의 결혼——조차 외적(소음에 의해 침범당하고, 그런 세상에 아이를 낳음으로써 그 세계의 미래에 위험을 무릅쓰고 투자하고 싶지 않은 것)으로나 내적(트레이시의 비밀, 데이비드의 분노)으로 그 반대되는 것의 위협을 받는 것으로 보인다.

다른 한편 영화에서는 또한 밀즈와 서머세트 간에 설정된 대비가 교묘히 두드러지며, 이 대비는 도의 자기 이해와의 거리감을 유지하는 데 얼마간 도움을 준다. 이 대비의 목록은 길지만(시골 대 도시, 젊음 대 늙음, 흑인 대 백인, 소음 대 정적, 자식 대 무자식), 그 대부분은 하나의 차이점——행위와 그 의미 간의 차이점——에 대한 변주를 의미한다. 밀즈는 오직 무슨 일이 있었는지 알고 싶어할 뿐이다. 그는 단순히 죽은 시체를 자세히 살펴보면 그것이 곧바로 떠난 살해자의 신분을 읽게 해줄 것이라고 생각한다. 그는 어떤 상황에 대한 기본적이고 자명한 일반적인 모습을 제외한 사소한 세부 사항에는 아무런 관심도 없다. 서머세트는 우선 어떤 행동이나 상황이 의미할지도 모르는 것에 반응한다. 그는 그 진정한 의미는 감추어져 있어 이해하기 힘들 것이고, 그 의미는 어떤 상황에 대한 온갖 사소한 세부 사항에서 막연히 짜낼 수 있을 것이라고 추정한다. 그러므로 밀즈는 의미에 초점이 맞춰지고 보전되며 또 정제되는 인간 삶의 모습에 속하는 양상들, 사람들이 인간 문화 그 자체라고 부를 수 있는 것들——도서관과 거기 있는 책들·종교·문학·음악——을 아주 곤혹스러워하고, 또 그것들로부터 배제된다. 서머세트는 이 영역의 시민, 학문의 열렬한 신봉자이다. 그리고 그가 생활하고 숨쉬는 의미 구조들은 그와 그의 파트너가 존 도에게로 인도하는 단서들을 추적할 수 있게 하는 것이다.

그러나 물론 그 두 사람을 존 도의 문으로 이끄는 실마리가 된 것은 살인자가 도서관에서 대출한 것들을 연방수사국에서 인쇄 출력한 것이다. 다시 말해서 존 도는 서머세트만큼이나 문화·의미를 만들고, 또 의미를 전달하는 인간 경험에 숙련된 사람이다. 그들은 같은 세계에서 사는 것만이 아니다. 그들은 같은 책을 읽었다. 서머세트가 도의 위치를 알아내기 위해 전개하는 수단들은 도가 범죄의 그림을 구성함에 있어 전개하는 바로 그 수단들이다. 단테 연구가의 지형도와 토마스 아퀴나스의 신학은 우리로 하여금 도의 범죄들이 무엇을 의미하는지 이해하게 해준다. 그것들이 그에 대한 청사진을 만들 수 있게 했기 때문이다. 도의 살인 행각은 행위예술가의 작업으로 오해될 수 있다. 인간의 문화 자체가 인간 존재의 매우 야만적이고 잔인하며 비열한 국면을 파고들고, 또 거기에서 비롯되는 의미를 수립하는, 의미 없는 것들을 의미 있는 것으로 만드는 인류 최고의 사상가 및 예술가의 노고의 결과를 구현하기 때문이다.

그렇다면 밀즈가 우리로 하여금 하게 만들려고 하듯이 도의 그림을 문화적인 구조물로 접근하는 대신, 그가 그의 행동 속에 끼워넣으려고 노력하는 의미의 폭로 또는 해독 쪽으로 우리의 에너지를 돌리는 대신, 심미적으로 또 지적으로 기분 좋은 그의 균형미와 상징주의를 벗어 버리고 그가 실제로 행한 것을 들여다본다고 하자. (영화 안에서 밀즈는 사건을 대신하는 것이나 상징하는 것이 아닌, 사건 그 자체와 만나게 하는 범죄 장면 사진, 녹화 방송을 봄으로써 이렇게 한다——마치 영화가 본질적으로 밀즈가 보듯 세계를 보는 쪽으로 대단히 끌리는 것처럼.) 그렇다면 우리가 보는 것은 산 인간을 도살한 것이다. 도가 말하고자 한 것은 그의 희생물들의 몸에 각인된다. 따라서 그가 말하는 것과 그가 보여 주는 것은 근본적으로 다르다. 그는 정신적인 자살을 이야기한다. 그러나 그의 설교는 인간 목숨이 살(탐식), 피(탐욕), 뼈와 가죽(나태), 성(정욕), 두개골과 그 내용물(교만·시기·분노)로 격하된 것을 보여 준다. 도의 마지막 설교인 절단된 머리는 그저 시기와 분노를 표현하거나 요약하지만은 않는다. 그것은 어쨌든 세계를 표현하는, 세계를 뜻있게 보는 인간 능력의 육체적 토대이며, 그것의 육신과의 분리는 글자 그대로 그런 문화 구조가 구현한 듯이 볼 수 있는 물질적 실체와의 분리를 의미한다.

모든 인간의 일이 그러하듯이 도의 소행은 실로 의미심장하다. 하지만 그것은 또한 엄격히 말해서 본질적으로 무의미하다——혼란된 정신, 곧 정신이상자의 소행일 뿐만 아니라 독특하게 인간의 의미를 만드는 인간 능력, 즉 그것을 발휘하는 것이 그 목적이자 그 원인이 되는 현실의 근본적 무의미함을 우리에게 위장하는 능력의 극치이다. 이것이 도가 250쪽 짜리 공책 2백 권을 가득 채운 것으로 제시되는 이유이다. 수일 동안 하루도 안 거르고 24시간씩 작업해도 경찰 팀이 그것을 끝까지 읽는 데에만 여러 해가 걸릴 것이다. 문제는 도의 행동에서 의미를 찾기가 어렵다는 것이 아니라 너무나 쉽다는 것이다——그의 행동은 측량할 수 없이 포화를 이룬 의미로 넘칠 듯하다. 그 가장 기본이 되는 의미는 그것들이 인류를 현재와 같이 만드는 의미를 스스로 질식할 정도로 과도하게 구현한 데에 있다.

우리를 교화하거나 인간답게 만드는 바로 그 능력에서 오는 위협 아래 놓인 우리의 인간성에 대한 의식, 우리 자신의 의미 체계 안에 밀폐해 봉인되어 있는 이런 의식이 그 영화의 클라이맥스에 대단히 종말론적인 분위기를 부여하는 것이다. 도의 마지막 그림에서 그가 한 행동의 의미는 그뿐 아니라 그를 추적하는 두 사람까지 빨아들이도록 무시무시하게 확대된다.[1] 그것에 의해서 그의 설교는 악뿐 아니라 선조차 집어삼키지만, 또한 희생자와 가해자·추적자라는 통상적으로 뚜렷이 구분되는 일반적인 역할들을 융합시킨다. 이 영화가 더할나위없는 본보기가 되는 것으로 보이는 인습적인 서사 구조와 추진력은 결국 그것 자체를 전멸시키는 조

---

1) 리처드 다이어가 이 영화에 관한 그의 매우 훌륭한 논문, 〈세븐〉(BFI Publishing: London, 1999)에서 알아차리듯이.

건을 규정하는 것으로 판명된다. 우리가 모든 면을 아무리 면밀히 살펴보더라도 종결이 지배한다.

그렇다면 핀처가 휘갈겨 쓴 다음 구절을 잠재 의식 속에서 흘긋 보는 것으로 그의 타이틀 화면을 끝내는 것도 거의 놀라울 것 없다. "열쇠가 없다." 그것은 시작하기 전에 우리가 이 이야기에서 벗어날 길이 없을 것이라는 것, 존 도의 행동의 궁극적인 의미를 이해할 특별한 통찰이나 실마리도 없다는 것(부분적으로는 그것들에 아무런 의미가 없기 때문이고 부분적으로는 너무나 많은 것을 의미하기 때문에), 인생에서 어떤 것의 의미를 여는——그뿐 아니라 인생 그 자체의 의미를 여는 어떤 열쇠도 있을 수 없음을 말해 준다. 그것이 본래 의미가 없기 때문이다. (자연 발생적인 원인의 자연 발생적인 산물, 곧 본성, 저 사물과 피조물들이 그들이 행하는 것을 그 안에서 그냥 행할 뿐인 체제인 멈출 수 없는 맹목적인 기계의 한 부품일 뿐.)

이런 의미에서 종교적인 시각은 다른 어떤 시각과 마찬가지로 중요하지 않다. 그것이 함축하는 바에 대해 더 이상 진지하게 숙고할 가치가 없는 것이다. 그러나…… 만약에 이 말을 우리에게 전하기 위해 영화의 마지막 장면을 이음매 없이 종결시킨 것이라면, 우리는 사실 도의 최후 설교는 그 자체의 완성을 보장하는 것이 아니고 보장할 수도 없음을 알아차려야 한다. 과연, 차라리 우리는 그 가장 중요한 도덕은 그것이 묘사하는 종결이 인간적으로 피할 수 있고, 또 이것이 그리스도교의 가장 심오한 의미임을 말하려고 한다고 주장할 수 있을지도 모른다. 물론 도의 설교는 단지 밀즈가 분연히 행동함으로 종결되기 때문이다. 도가 그의 아내와 태어나지 않은 아이에게 한, 따라서 그에게 한 일을 알게 되자 그는 복수하는 것——그에게 고통을 준 사람에게 고통을 주는 것을 선택한다. 그러나 그가 다른 선택을 했을 수도 있다. 그는 아주 자연스런 인간적 반응으로부터 물러설 결심을 할 수도, 한 사람에게 가해지고 다음에는 다른 사람에게 그리고 또 다른 사람에게 가해진 고통의 끝없는 순환이나 전달 구조가 그에게서 그 끝을 발견하도록 결심할 수도 있었다. 요컨대 그는 (리플리가 행동으로 그녀의 삶을 끝내듯) 자기가 고통을 가하지 않고도 고통을 경험할 수 있었을 것이다. 그는 그러지 않았다. 하지만 서머세트가 깨닫듯이 만약 밀즈가 다른 사람들이 그에게 한 것처럼 그들에게 하지 않았다면 도의 설교는 끝에 이르지 못했을 것이다. (그리고 만약에 도의 희생자들이 그들에게 당연해진 것을 하지 않기로, 계속 죄를 짓지 않기로 결정했다면 도의 설교의 다른 요소들은 마찬가지로 결정적으로 방해받았을 것이다.)

도가, 그러므로 《세븐》이 부정으로 묘사하는 것은 우리가 《에이리언 3》에서 처음 만났던 두드러지게 그리스도교적인 이상——다른 쪽 뺨을 내어 주는 것, 외관상 끝없이 이어지는 인간의 악행의 사슬을 끊는 것이다. 그러나 그것에 대해 묘사되는 것에 대해, 또는 그것이 부정에 의해 묘사된다는 사실에 대해 깊이 생각해야 할까? 만약 핀처의 영화 세계에서 그리스도교 사상과 허무주의가 서로 부정이라면, 그래서 동시에 다른 하나를 표현하지 않고서는 그 둘 어느것도 나타낼 수 없다면, 우리는 허무주의는 그리스도교 사상을 진실로 철저히 거부하는 목적에 이르는 유일한 방법이라거나, 또는 언제나 그리스도교 사상은 허무주의가 우리에게 말할 수 있는 최악의 것들을 이미 인정했다고 결론내려야 할까?

《에이리언 4: 에이리언의 부활》 © 20세기 폭스사, 1997, 롤랜드 그랜트 기록보관소.

4

괴물의 어머니

장 피에르 주네의 《에이리언 4》

《에이리언 4: 에이리언의 부활》은 《에이리언 3》과 그에 앞선 두 '에이리언' 영화의 후속편인가? 리플리 역의 시고니 위버의 존재와 더불어서 에이리언들의 존재가 이를 확실시하는 듯 보일지도 모른다. 그러나 사실 그것은 단지 문제를 바꾸어 놓을 뿐이다. 에이리언들이 우리가 이전 영화에서 만났던 종과 같은 종이거나, 《에이리언 4》에서의 리플리는 '노스트로모' 호에서 시작할 때부터 우리가 그 영고성쇠를 지켜본 사람과 같은 사람이라고 아주 당연시할 수 있기 때문인가? 결국 《에이리언 3》에서 종결되기를 바라는 데이비드 핀처의 격렬하고 순수한 욕망은 리플리와 그녀의 몸속에서 유일하게 생존한 에이리언 종 후계자의 죽음으로 끝났다. 그래서 주네의 영화는 공상과학 영화에서 그 종사자들이 즉시 이용할 수 있게 해두는 자기 소생 수단을 마음대로 취해 피오리나 161의 의료 시설에서 발견된 유전학적 재료로 복제하는 능력을 긍정적으로 가정함으로써 여왕과 그 숙주를 복원할 수 있다. 그러나 그의 변절한 군사 과학자들이 시작부터 분명히 보여 주듯 복제 과정에서 이 유전학적 재료로부터 또 하나의 별개의 개체가 생산된다. 그것은 그 재료가 유도하는 개체를 재생하지 않는다. 원래의 리플리로 그들이 만든 클론은 원래의 리플리 자신이 아니다──그녀의 육체는(그것이 피오리나의 용광로에서 사라져간 사람과 아무리 닮았다고 하더라도) 리플리의 육체가 아니고, 그녀의 정신은 리플리의 정신(그것은 그녀 자신의 경험으로부터 비축되어야 한다)과 아무런 선천적인 연속성도 없다. 콜의 표현처럼 그녀는 "변종이요, 건조물이다. 우라질 실험실에서 그 사람들이 당신을 키웠다."

확실히 영화가 진행됨에 따라 클론은 리플리의 기억과 성격에 어느 정도 근접하는 회복을 보이기 시작하지만, 그것은 그녀의 유전적 원형과 그녀가 다름을 강화하는 그녀의 성질의 한 국면에서 유래한다. 물론 리플리의 클론을 인간으로——리플리 자신과 같은 종의 일원으로——간주할 수도 없다. 그녀는 피가 산(酸)으로 되어 있고, 살은 신속히 치유되는 능력이 있으며, 후각이 고도로 발달되어 있고, 그녀를 둘러싸고 있는 에이리언들의 생각과 행동을 직관적으로 알아차리는 능력을 지닌다. 그녀는 사실상 완전히 인간도 아니고, 완전히 에이리언도 아니다. 혼혈에 가깝다——유전적 기초가 인간과 에이리언 혈통의 접목(리플리의 몸에 태아 단계의 여왕 에이리언이 기생해 상호 작용한 결과)으로 구성된다. 그리고 그 혼혈의 한 표시——에이리언 종의 군거 기질과 종족의 기억에 그녀가 감응하는 것——가 그녀로 하여금 리플리의 삶과 죽음을 기억할 수 있게 한다.

만약 리플리의 클론이 리플리가 아니라면 리플리 몸속에서 복제된 여왕 에이리언이 그 유전적 원형, 곧 최후의 생존 에이리언의 실체와 아주 동일하다고 말할 수 있을까? 집단이 개별에 우선하는 (게다가 능가하는) 종에 관하여 개별 정체를 묻는 질문은 명확하지 않을 뿐만 아니라 절박하지도 않게 보일 것이다. 그러나 종의 정체에 관해서는 어떤가? 만약에 최초의 에이리언 종이 멸종한 후 2백 년이 지난 주네의 우주에서 여왕이 에이리언 삶의 새로운 원천과 기원이 되면 우리는 그것의 번식력을 옛날에 있었던 그 종족의 단순한 재생으로 간주해야 할까? 사실 그럴 수는 없다. 복제된 여왕은 엄밀히 말해서 새롭게 발현된 에이리언 생명체의 순수한 기원이 아니고, 따라서 그것의 생식 주기는 그것의 가공할 원형을 단순히 복제한 것으로 판명되기 때문이다. 여왕의 유전적 혼혈에는 리플리로부터 그녀의 자손에게로 가는 독특하게 인간적인 재능(모든 인간 여성에게 원죄로 전해지는 재능)——임신과 산고, 그리고 출산——이 섞여 들어가기 때문이다. "너는 아기를 낳을 때 몹시 고생하리라."

주네의 영화는 이렇게 명백히 반대되거나 모순되는 두 재생 방식을 서로 접목시키는 방법을 발견한다. 클론 기술은 복제, 즉 질적으로 구별할 수 없음을 암시하는 한편, 혼혈은 차이의 촉진, 곧 새로운 창조를 암시한다. 《에이리언 4》에서 클론 기술은 혼혈을 야기시킨다. 심지어 유전적 복제는 자기 변형, 극기, 그것의 진화하려는 충동에 대한 본능을 억누를 수 없다. 그렇다면 이 영화는 리플리나 그녀의 다른 한쪽인 에이리언을 부활시킴으로써 《에이리언 3》에 의해 시도된 '에이리언' 시리즈의 종말을 극복하지 않는다——마치 에이리언 세계에 대한 데이비드 핀처의 신학적 이해가 (이의를 제기함으로써) 연장되고 있는 것처럼. (예수의 부활한 육체에 대해 의심하는 도마의 면밀한 조사가 암시하듯) 종교적인 부활 사상은 클론 기술이 제공할 수 없는 육체적 연속성을 정밀하게 통합시키기 때문이다. 주네의 영화 제목은 그래서 에이리언 종의 부활을, 그 종의 가장 친밀한 적의 부활을 언급하지 않는다. 그것은 오히려 클론 기술과 혼혈의 혼성물로서의——죽음의 극복에 관한 낯익은 종교 사상과는 다른 무시무시해서 기분 나쁜 어떤 것으로서의——그것의 특성을 부활한 에이리언 종류나 종으로 기술한다.

그리고 물론 주네는 그것에 이해서 그 전임자들과 그의 영화와의 관계를 이질적이거나 생소한 것으로 특징짓는다. 그 복제된 주인공들 중에 어느것 하나도 이전 '에이리언' 영화의 쌍을 이루는 주인공들과 일치하지 않기 때문에 《에이리언 4》를 단순히 그것들의 속편으로 이해할 수는 없다. 그 에이리언의 세계는 그 시리즈와 아주 불연속적이면서 또 밀접하게 의존하고 있다. 그 저변을 흐르는 주제와 스타일상의 규약은 그 시리즈의 주형에 전적으로 빚지고 있으면서 또 조금도 빚지고 있지 않다. 그만의 독특한 영화적 감수성을 그가 물려받은 시리즈의 감수성에 접목함으로써 주네 스스로 같은 구성 요소들을 가지고서, 그러나 아주 새로운 방식——그 선조의 혼혈 클론——으로 지어진 성경의 세계를 창조하는 것으로 본다. 따라서 그는 자신이 지금까지의 시리즈로 자리잡은 속편들의 사상을 철저히 혼성 복제하고 있는 것으로 본다. 《에이리언 3》을 심각하게 받아들이는 일은 그 세 영화들이 공유하는 조건으로는 그 시리즈가 더 이상 발전할 수 없음을 인정하는 것이 되기 때문이다. 그것이 더 나아가 발전하려면 그것들을 바꾸어 놓을 필요가 있다. 오직 그 방법에 의해서만——'에이리언' 시리즈의 중심 주제를 새로운 양식으로 바꾸어 놓음으로써만——주네는 그 결말을 받아들이지 않고도 그 시리즈에 대한 핀처의 종결이 보여 주는 깊이와 완성도를 인정할 수 있을 것이다.

어린아이의 눈으로 보기

그의 에이리언 세계의 변화된 조건을 확립함에 있어서 주네는 자연히 그의 두 전작(마르크 카로와 공동으로——따라서 이미 그 자체가 감수성의 혼혈)——《델리카트슨 사람들》과 《잃어버린 아이들의 도시》에서 드러난 영화적 감수성에 의존한다. 게다가 나중 영화의 세계와 《에이리언 4》의 세계 사이의 가족 같은 유사성은 같은 배우들이 두 작품의 주역을 맡는다는 사실을 훨씬 더 능가한다. 그 이야기는 사이비 과학팀의 노고에 관한 것으로, 그 대부분이 팀의 공동 창립자들 중 하나의 클론들인 그들은 좀더 솔직하게 말해 범죄적인 목적을 위해서 기형의 인간 성인의 꿈속 생활을 빼앗으려 한다. 이 적대적이지만 마찬가지로 부정한 책략들은 강한 의지의 갈색머리 소녀가 이끄는 소규모의 어린이들에 의해 좌절된다. 그 소녀는 원[하나]이라는 이름의 서커스 차력사와 군대에 들어간다. 원은 저능이지만 도덕적으로 순수한 거인, 곧 성인 몸을 한 어린이로 그의 기본 동기는 과학자들로부터 그의 남동생을 구하려는 것이다. 이 도시에서는 인간의 육체가 각양각색으로 기형이거나 훼손되어 원래 불안정하고 변형되기 쉽다——마치 수성(獸性)과 본질적으로 관련되고, 또 생기 없는 것들을 통합하는 능력이 있는 활기찬 인간의 신체가 괴기스러움을 강조하는 것처럼. 몸통이 붙어 있는 두 여자가 한 무리의 범죄 집단을 이끌고, 그 집단에는 한 떼의 살인 벼룩을 마치 자기 자식인 양 생각하는 남자가 포함된다. 다른 사람은 시각과 청력을 높이기 위해 교파를 이용하고 과학팀에는 큰 통에 들어 있는 뇌가 포함된다. 과학 기술이 문화에 널리 퍼져 있지만 대단히 원시적인 부분들에 대해서 터무니없이 과도하게 공들여 준비함으로써——마치 그들을 창조한 어른들이 자신들의 지성과 창조성에 대해 갖는 오만한 자기 만족을 암암리에 조롱하는 듯이 ——그들 소기의 (그리고 보통 사악한) 임무를 실행하는 형식으로 퍼져 있다.

이 세계와 《에이리언 4》의 세계는 압도적으로 일치한다. 처음에는 클론 프로그램상 숙주로 필요한 살아 있는 인간의 몸을 과학팀에게 판매하는 것이 그 목적에 포함되지만 결국 갈색머리의 자그마한 로봇 콜의 도덕적 시각으로 목적이 수렴되는 '베티'호 해적단은 육체적 욕구(《잃어버린 아이들의 도시》에서 원의 동생과 그의 만족을 모르는 식탐에 의해 예증되는)의 거리낌 없는 만족과 무기류에 대해 어린아이 같은 즐거움을 드러낸다. 거기에는 그의 휠체어의 부품들이 무기로 재조립되는 불구의 엔지니어, 그다지 친절하지 않은 거인, 그리고 늘릴 수 있는 철제 팔다리에 비밀 권총들을 끼워 박은 무기 전문가가 포함된다. 그리고 리플리의 클론은 그의 새 형제자매 가운데 원의 육체적·도덕적 순결, 유전적·정신적 카리스마를 가지고서 그들의 선두에서 활보한다. 게다가 우주정거장 '오리가'의 고도로 진보한 과학 기술――호흡으로 신원을 확인하는 보안 시스템, 위스키-서리 제거 장치, 보초가 리플리의 클론을 감시하는 요령 없이 뻗어나간 통풍구――은 불합리와 원시주의로 오염되어 있다.

그렇다면 《에이리언 4》의 세계에는 주네의 세계가 굴절되어 있음이 분명하다. 그런데 그것을 이전 영화가 확립해 놓은 에이리언 세계의 혼혈 클론으로 당연히 간주할 수 있을까? 분명히 그 세계는 지금까지 과학을 위협적으로, 또 과학 기술을 상처를 입기 쉬운 인간의 육체에 필요하나 두려운 부록으로 생각해 왔다. 그러나 그것이 불합리하거나 우스운 것으로 상상되거나, 육체의 연약함으로부터 일종의 사악한 유쾌함을 이끌어 내거나(조너가 그의 칼이 브리스의 마비된 다리를 찌르게 그대로 놔둘 때, 또는 에이리언 전사가 페레즈 장군의 두개골에 구멍을 뚫을 때, 또는 최후의 살아남은 인간 숙주의 가슴에서 터져 나오는 에이리언이 렌 박사의 몸통을 꿰뚫고 들어갈 때 주네가 발견하듯이), 또는 그것이 구현된 가장 극단적인 변종 밑에서 인간성의 강건함에 대해 아주 무조건적인 확신을 (그리고 그것을 인정하는 우리의 능력을) 드러내지는 않았었다. 이런 점에 있어서 영화에 관한 주네의 감수성은 이전 '에이리언' 영화의 감수성과 크게 부조화를 이루는 듯이 보일 수 있다――마치 그 시리즈에 그가 기여한 것이 일종의 패러디 또는 풍자인 듯이, 거기에서는 그의 전임자들이 심오하고 공포스러운 순간으로 다뤘던 문제들이 우습고 하찮은 것으로 보인다.

이런 인상은 그 시리즈의 다른 영화들을 높이 평가하는 많은 사람들이 《에이리언 4》에 대해 비교적 낮은 평가를 하는 큰 원인이 된다.[1] 그러나 그것의 정확성에——또는 적어도 현재의 그 혹평 일색의 비평에——이 의를 제기할 충분한 이유가 있다. 그리고 만약 우리가 주네의 이전 작품에서 더 적절한 양상들을 상기해 내면 이유를 납득하기 시작할 수 있을 것이다. 우선 첫째로 《잃어버린 아이들의 도시》는 어버이다운 인물들이 부재하거나 사악한 세계를 나타낸다. (그 도시의 아이들은 고아이거나 악의에 찬 옥토퍼스에게 입양되었고, 클론들이 '어머니'라고 부르는 여자는 그들의 원형의 아내일 뿐이며, 원의 아버지는 영화 오프닝 장면에서 죽는다.) 거기에서 성인의 성은 욕지기나거나 위험해 보인다. (원이 혼자서 성적으로 매력적인 여자와 만나는 것은 그의 도덕적 순수성을 위협하는 것, 단지 그의 진실된 동료와 친구들, 어린이 해적단, 그리고 특히 입양한 그의 여동생 미에트를 배반하도록 유혹하는 경우로 보일 뿐이다.) 이런 점에서 주네의 세계와 '에이리언' 시리즈의 세계는 교묘히 조율되어 있다. 이미 보았듯이 피오리나 161에서 죽은 리플리는 여러 가지로 모성애가 결여되거나 제거되거나 억압된 사람이다——그 전제 조건과 조건(즉 인간의 이성애와 생식력, 육체의 다산성)은 그녀의 육체적·정신적 완전함에 대한 위협으로, 곧 그녀의 가공할 다른 한쪽으로 이해되었다.

게다가 주네의 초기 영화의 형식과 스타일은 그가 이런 주제에 몰입하는 것에 대해 일종의 포괄적인 변호를 해주며, 그렇지 않았더라면 당혹스러울 그의 에이리언세계의 전유 양식을 이해하는 방법을 제공한다. 《잃어버린 아이들의 도시》는 명백히 판타지 또는 동화이기 때문이다. 그것

---

1) 그것은 데이비드 톰슨으로 하여금 그것을 말 그대로 심각하게 받아들이기보다 《에이리언 4》의 각본을 다시 쓰게 한다. 그의 《에이리언 지구》(Bloombuty: London, 1998) 참조.

은 아이들이 주인공인 이야기를 들려 주고, 그들이 그들의 시각으로 사는 세상을 제시한다. 이것이 이 세계에서 어른들이 본질적으로 기괴해 보이는 이유이다. 그들의 목적은 모호하거나 우스꽝스럽거나 어린이들의 이익에 반대된다. 그들의 기술적·종교적 편견들은 명백히 불합리하고 그들 자신의 지극히 자연스러운 욕구와의 관계는 금지와 왜곡으로 속박당하며, 그들의 성적인 본성은 아주 불가해하다. 따라서 이 영화 속의 아이들은 그들의 부모님들의 부재를 침착하게 처리하고, 다른 아이들과의, 그리고 대단히 중요하게는 형제자매들——(실제로건 상상으로건) 가족이기도 한 아이들이고, 따라서 성이 개입되지 않은 친밀함의 극치——과의 관계 유지에 몰입한다. 그래서 원은 잃어버린 동생을 끊임없이 찾아다니고, 또 미에트를 여동생으로 삼는다. 그리고 미에트는 그녀의 세계 최악의 어른의 마력을 지닌 꿈속 풍경에서 원의 동생을 구하기 위해 자신을 희생할 준비를 함으로써 그녀의 훌륭함을 보여 준다. 그녀가 남자 형제(원의 동생과 원 자신)를 얻는 방법이라고 그녀가 생각하는 희생을.

우리는 이 동화를 어른의 세계에 대한 어린이의 꿈으로——또는 어쩌면 그에 대한 어린이의 악몽으로——생각할지도 모른다. 이 어린이들은 그들 주위의 어른을 꿈꿀 능력을 박탈당하고, 그래서 그들 아이들이 꿈의 풍경과 논리의 자유롭고 편안함 속에 사는 것을 부러워하는 것으로, 너무 부러워서 스스로 그것을 침입하고자 하는 것으로 인식하기 때문이다. 물론 그들의 꿈을 도망칠 수 없는 악몽으로 바꾸는 침입을. 그리고 이것들은 우리가 주네의 에이리언 세계의 혼혈 클론, 근본적으로 사실적인 그것의 조건들을 영화 매체 나름의 힘을 개발하는 일까지도 할 수 있는 다른 것들로 그가 변형한 것을 이해하는 데 필요한 포괄적인 조건이다. 《에이리언 4》는 꿈의 현상 및 논리와 현실 세계(심지어는 미래의 세계, 공상과학의 영화의 실체)라기보다 동화를 제시한다. 이 영화에서 고찰하는 세계는 주인공들이 사실상 전부 어린이들인 세계로, 인간들은 어린이의 시각에서 보는 것처럼 보이는 세상——따라서 어른들의 (육체적 · 정신적) 불합리와 기형을 정상적인 것으로 받아들이고 정상적인 것(우리에게 있어서건 다른 사람들에게 있어서건)에 대한 그들의 (그리고 우리의) 본능적인 감각을 엄청나게 또는 터무니없이 잘못 정렬된 것으로 간주하도록 그들을 (그리고 우리를) 초대하는 세상——에서 산다.

기형아들

'베티' 호로 돌아가려고 애쓰는 전반적으로 어린 해적단 내에서도 두 인물은 본질적으로 천진함이 두드러진다. 콜의 왜소한 몸집은 그녀의 근본적인 정신적 무구(無垢)와 더불어 이것이 그녀의 상태임을 은연중에 암시한다. 그녀는 이 잠재적으로 치명적인 얼굴로 순수하게 인류를 그 자체——그녀를 만든(그녀는 로봇에 의해 만들어진 로봇이다) 기술을 창조한 후 머지않은 파멸에 대비해 그녀(그녀의 형제자매와 더불어)를 소환하기로 결정한 종족——로부터 구하기 위해 말려들었다. 그리고 그녀의 행동은 이야기가 진행되는 내내 온정적이다. 영화는 그녀의 미덕을 그녀에게 프로그램된 기능으로 생각하는 것과 그것을 초월하는 어떤 양상(예를 들어서 그녀는 렌이 '베티' 호로 전진하는 것을 막기 위해 '아버지'와 접속하도록 설득당해야 한다)으로 생각하는 것 사이에서 흔들린다. 그러나 어떤 경우든 간에 인간의 새로운 창조물 또는 후손으로서 그녀는 유년의 천진무구를 구현한다. 그것은 주네가 살자고 우리를 초대하는 어린아이의 시각에서 보면, 마치 극악무도와 이기심은 최초의 또는 원래의 미덕이 경험과 문화, 즉 우리가 자라면서 익숙해지는 어떤 것에 의해, 따라서 자라는 과정을 피함으로써 피해질 수 있는 무엇에 의해 타락한 것으로 보인다. 그리고 그 순순함에 대한 그의 영화의 가장 순수한 표현을 살아 있는 인간보다는 인조 회로로 된 창조물로 만듦으로써 주네는 더 나아가 수진무구의 타락을 육체와 그 영향력에 우리가 운명지어져 있음과 연관시킨다——마치 유년의 시각에서 보면 성적 성숙과 정신적 순수가 서로 배타적인 것처럼.

그러나 이 집단에서 진짜 아이는 리플리의 클론이다. 영화의 오프닝 장면은 시험관 내의 태아, 수술 후 투명한 양막 또는 보호 피막에서 나오는 (마치 과학자들이 리플리의 클론에서 여왕 에이리언을 재왕절개로 분만한 것이 동시에 여왕 에얼리언으로부터 그녀를 분만한 것, 인간을 모양을 바꾸어 재수태 또는 재창조한 것인 양), 그리고 그녀가 인간의 화법과 행동으로 학교 교육을 받는(진짜 문명화된 인간의 삶 속으로 그녀를 끌어들이기 위해 발언권을 주려는 그들의 암묵적인 주장을 뒤엎는 선생님들의 글자 카드와 스턴 총 방식) 그녀를 재빨리 묘사한다. 다시 말해서 우리는 그녀의 탄생과 초등 교육을 본다——마치 '베티' 호가 도착할 즈음이면 그녀는 고작 성인의 몸을 한 어린이일 뿐이듯. 따라서 에이리언의 세계로 우리가 접근하는 것이 그에 대한 리플리의 시각과의 동일시를 통해 일어나는 한 이 영화에 대한 우리의 관점은 갓 태어난 인간 사후의 존재——모든 것이 새롭고, 에이리언의 시각이 자연스럽지 않은 것과 마찬가지로 인간의 시각이 자연스럽지 않은 존재——의 것이다. 그렇다면 그녀의 경우, 정상적인 것을 불합리하게 보고 불합리한 것을 정상적으로 보는 어떤 아이에게 있어서나 자연스러운 동요에는 종의 혼란 의식——그녀의 세계(인간의 세계이건 에이리언의 세계이건 간에)의 하나 걸러 괴물 같고 웃기는 성인들과의 근원적인 혈족 의식의 상실이 추가되어야 한다. 리플리의 클론은 세상을 생전 처음 볼 뿐만 아니라 그것을 이전에 어느 누구도 본적이 없는 것처럼 보고 있다. (이미 죽었던 인간으로서 시각을 통해 사는 것만큼이나 후각을 통해 살고, 단독으로 사는 만큼이나 집단적으로 살고 있다.) 그렇다면 그녀가 경험하는 에이리언의 세계는 뒤틀리고 불규칙한 듯 보이리라는 것, 그녀의 원형인 인간 성인의 눈을 통해 여러 해에 걸쳐 알게 된 세계의 괴기스러운 패러디이거나 풍자로 보이리라는 것은 이상할 것 없다.

주네는 《에이리언 2》에서 뉴트가 처음 한 말을 시고니 위버가 암송하는 것으로 (우리가 리플리의 클론을 처음 보기 전에 나오는) 영화의 첫 대사——"우리 엄마는 늘 괴물 같은 건 없다고, 진짜 괴물은 없다고 하셨는데-하지만 있어."——를 만듦으로써 그 세계에 대한 그의 꿈이나 판타지는 그럼에도 불구하고 그 기본 성격에 충실한 채로 남아 있음을 분명히 한다. 이것은 곧 위버가 여기에서 어린아이의 시각을 갖게 될 것임을 나타낸다. 그리고 그것은 그녀가 보는 것이 세상에 대한 아이의 악몽의 실현이 될 것임을 암시한다. 주네는 그것으로 앞서의 영화들이 각각 발전시킨 사상을 확대하는데, 그 영화들에 의하면 에이리언 종은 내면적으로 인간의 꿈의 세계와 관련되어 있다——《에이리언》에서는 '노스트로모' 호 승무원들이 초수면 상태에서 악몽 속으로 깨어난다. 《에이리언 2》에서는 괴물의 귀환이 리플리의 꿈속으로 그것이 분출됨으로써 예시되고, 그것의 방출은 어머니와 아이 모두 다시 한 번 더 평화롭게 꿈꾸게 한다. 《에이리언 3》에서는 리플리의 꿈속에서 그녀의 적이 그녀의 저항을 이겨낸다. 이런 배경에 비추어 볼 때 주네가 제시하는 에이리언의 세계는 단지 자연스러운 진전일 뿐이다. 하지만 리플리의 클론을 이 세상이 악몽인 아이로 간주함으로써 주네는 더 나아가 그 세계의 기초가 되는 논리는 리플리 자신 안에 있는 천진하거나 유치한 무엇까지 거슬러 올라갈 수 있음을 암시한다. 좀더 엄밀하게, 주네는 에이리언 종이 구현하는 인간의 번식력과 성의 시각은 어린아이의 판타지와 두려움을 구현하고, 따라서 자라고 싶어하지 않거나 자라기를 거부하는 것을 표현하는 것으로 가장 잘 이해된다고 암시하고 있는 듯이 보인다.

그러나 아무리 내키지 않을지라도 리플리의 클론은 성장해야── '오리가'에서의 사건과 그녀의 가속된 생물학적 성장으로 해서──한다. 따라서 그녀의 유년 시절의 첫 장면은 곧 사춘기에 진입하는 것으로 이어진다. 농구 코트에서 '베티'호 승무원들을 이기고는 그녀가 매우 즐거워하는 것, 태연히 자기 살을 찌르는 것, 엘긴을 죽인 에이리언을 처치하는 허세──각본을 쓴 조스 웨든이 《뱀파이어 해결사 버피》에서 처음으로 연마한 몰랫 화법[하루 종일 쇼핑 센터에서 빈둥거리는 자, 곧 인생 낙오자가 쓰는 어투의 대화: 역주]을 시종일관 능숙하게 구사하면서── 그 모든 것이 사춘기에서부터 아주 낯익은 자기 확신에 찬 젠체하는 태도, 자신의 육체적·지적 능력을 드러내는 일을 단순히 즐거워하는 것을 보여 준다. 하지만 맨 먼저 그들의 첫 만남에서 콜이 그녀에게 그녀의 정체의 근원적인 불확실성을 받아들이도록 강요할 때, 그리고 나서 좀더 난폭하게는 단체 여행에서 자신의 육체의 기원의 실상과 대면할 때 그 클론의 자신감은 마찬가지로 낯익은 방법으로 만신창이가 된다.

그녀가 '1-7'이라는 명패가 걸린 방을 발견할 때, 그녀는 자신의 팔에 문신된 '8'이라는 숫자를 이해할──모든 동화에서처럼 그녀 자신의 신분의 수수께끼를 이해할──기회를 피할 도리가 없다. 그 문 뒤에서 그녀는 과학자들이 이전에 기도한 클론의 결과를 발견한다──다양하게 덜 발달된 아가미, 치아, 꼬리의 조합에도 불구하고 곧 알아볼 수 있을 정도로 인간같이 생기고 의식이 있는 쪽으로 빠른 속도로 발달되는, 그러나 흉터와 고문의 흔적이 있는, 7이라는 숫자가 여덟번째 클론이 에이리언과 혈족이라는 것을 암시하는 끔찍하게 일그러진 형체 일곱과 그녀 자신의 육체적 완벽함에 대한 두려운 가능성을. 그녀를 만들어 낸 가공할 과학 사업의 표명을 넘어서 이 견본들은 동시에 새로운 종이자 새로운 개체(마치 리플리의 클론의 경우 적어도 개체 발생이 종족 발생의 발달 단계를 반복함을 밝히고 있는 것처럼) 개발의 표현으로 작용한다. 그것들은 만약 새로운 종들이 진화하려면 자연이 기형을 일으키고, 자궁(또는 시험관) 안에서 탄생 전 발달로 개별 유기체가 기형적 성형력을 발휘할 필요가 있음을 드러낸다. 리플리의 클론은 이렇게 그녀 자신의 존재의 서로 연결된 다양한 조건——클론을 만드는 과정의 부산물로서의, 새로운 종의 유일한 구성원으로서의, 그리고 특정한 개체로서의——과 직면한다.

주네는 이 장면이 《에이리언 2》에서 그 방과 그 내용물을 파괴하려고 화염을 내뿜어 리플리의 클론을 방비하는 여왕 에이리언과 리플리 사이의 육아실에서의 조우와 유사함을 분명히 한다. 물론 부분적으로 그녀는 일곱번째 클론의 망각하고자 하는 번민에 찬 욕망에 반응하고 있다. 그러나 리플리의 클론이 화염의 범위를 온 방을 둘러싸도록 넓혀 나가는 것은 그녀의 원형이 여왕 에이리언이 구현하는 생식력에 지나치게 혐오감을 느끼고 육아실 전체를 태워 버리려고 할 때, 그녀가 여왕 에이리언과 한 약정을 어긴 것을 기억나게 한다. 주네는 그것으로 그의 인간 사후의 주인공에게 있어서 이 파괴는 클론 계획에 대한 그녀의 격분을 표현하는 것을 훨씬 넘어서는 것임을 암시한다. 그것은 또한 그 계획이 아주 우연하게 그녀에게 생명을 부여했다는 사실에 대한 그녀의 분노의 표명이기도 하다. 마치 그녀가 그 사악함의 후손일 뿐만 아니라 자신의 존재가 순전한 임의성——그것의 불가피성의 결여, 무감각한 우연에의 의존함을 부정하도록 내몰리는 듯이. 그리고 대화재는 더 나아가 피와 살로 된 자신의 기원의 실체에 대한, 신체의 당혹스러운 돌연변이 능력에 대한, 폭행과 기형에 대한 그것의 제거할 수 없는 취약성, 내부로부터 스스로를 새로운 모양으로 고쳐 만드는(알에서 성체로 발달하는) 그것의 확고한 충동, 그리고 외부로부터 새로운 모양으로 고쳐 만들어지는(이식과 혼혈, 진화) 그것의 본질적인 개방성에 대한 그녀의 반감을 표현한다.

리플리의 클론은 이렇게 그녀의 원형이 죽는 순간, 그리고 죽음으로써 해냈던 것——산 인간을 창조하는 것이 무엇을 의미하게 될지를 정확히 인지하는 것——을 자신은 할 수 없음을 깨닫는다. 그녀는 일곱번째 클론의 "나를 죽여"라는 요구에 너무나 과도하게 반응함으로써 그녀가 그녀 자신의 존재 조건을 절멸시키고자 하는 욕구를 표현하는 것을 이해하지 못한다——그녀는 자기 자신의 이 발육 미비이거나 기형인 이형(異形)들을 죽임으로써 그녀가 사실상 자기 자신을 죽이고 있다는 것(시고니 위버가 여덟번째 클론뿐만 아니라 일곱번째 클론의 역할도 하는, 그래서 이 파괴를 행하는 산 인간이 또한 그것을 위해 탄원하는 사람이기도 하다는 사실에 의해서 그 장면 자체에 섞어 넣은 인식)을 이해하지 못한다.

그러나 아무리 카타르시스가 된다고 하더라도 그런 자멸의 환상이 그들이 진정으로 바라는 소기의 목적을 달성시킬 수는 없다. 어린아이에서 어른으로의 변화——성적으로 성숙되도록 프로그램된 육체의 변형——는 취소될 수 없다. 따라서 리플리의 클론은 이미 성인이 된 그녀 몸의 성적 잠재력과 맞서지 않고는 안전한 '베티' 호에 도달하는 것이 용납되지 않으며, 그것은 그녀의 육체의 생식력이 이미 착취되었다는 사실에 직면함을 의미한다——그녀는 자신이 독립적으로 존재한 첫 순간부터 어머니, 곧 괴물의 어머니였다.

그 영화의 좀더 강력한 또 다른 장면(그 외관상의 패러디에 건조된, 우리가——그 주인공과 함께——에이리언 세계의 가장 심오한 은유의 영역으로 나가떨어지는 또 하나의 함정문)에서 리플리의 클론은 에이리언 종의 품안으로 끌려들어가 그것의 대단히 많은 꿈틀거리는 수족과 꼬리 속에 파묻혀 즐긴다——마치 그녀가 일찍이 태워 없애려고 시도했던 유기체의 바로 그 유연성에 휩쓸려들던 것처럼(그리고 그것은 다른 곳에서 에이리언이 물에 우아하게 적응하는 데서 그 이상의 표현을 발견하며, 즉각 《에이리언 2》에서 뉴트를 붙잡았을 때 그것들이 그 매체에 서식하던 것을 떠올리게 하고 또 그것들이 양막에 적응하게 되는 것을 예시한다). 하지만 그녀의 화신이 이런 에이리언적인 국면을 부활시키는 것은, 마침 그녀의 자식이 그녀의 자식의 다른 자식을 분만하는 것을 관찰하는 때에 맞추어 그녀를 여왕 에이리언의 양육실에 인도함으로써 (마치 아직도 꿈을 꾸고 있거나 꿈에서 막 깨어나고 있는 듯 반쯤 멍한 상태로——또는 어쩌면 에이리언 공동체로 다시 통합된 경험에 대한 격렬한 성적 쾌감의 차원을 암시하는 듯 성교 후의 포만 상태로) 끝난다. 그리고 그렇게 함으로써 리플리의 클론은 여왕 에이리언의 화신인 그녀의 인간적 양상——임신과 분만·탄생을 수반하는 생식 주기에 그녀가 종속되는 것——이 최초로 활성화됨을 감지한다.

여기에서 주네는 여왕에 대해 강한 애정을 불러일으키는 데 성공한다 ——자신의 육체에 의한 희생이라는 그것으로서는 완전히 이질적인 새로운 사실, 그것이 리플리 클론의 육체 안에서 스스로 잉태함으로써 생겨났다는 사실(단순히 그것이 여성의 딸이기 때문에, 그것 육체의 기원의 한 양상이기 때문에 그것에게 유증된 슬픔이라는 것), 그리고 (남성 이성애의 가공할 체현으로서) 모든 인간을 인간 여성의 위치에 두는 그것의 능력이 궁극적으로 그것 자신이 그 위치를 점유하는 결과를 가져와야 하는 사실에 대한 동정심을.

그러나 에이리언 세계의 논리에서 보아 리플리의 클론이 그녀의 자식에게 번식의 인간적 양상을 그녀에게 옮겨진 것만큼 많이 전하지는 않았음이 곧 드러난다. 여왕의 배에서 나온 아이는 본능적으로 자신의 진짜 어머니를 괴물 같다고 보고 대신 리플리의 클론을 향해 간다. 그것은 여왕을 보고 너무나 무서워 떨며 자신을 그것의 자식으로 인정하기보다 그것을 죽이려고 한다——하지만 그것이 리플리의 클론은 자신의 어머니로 보려고, 자신을 그 살 중의 살로 보려고 한다. 다시 말해서 여왕 에이리언은 자기 어머니의 아이를 낳는 것이다. 리플리의 클론은 이성애적 성행위나 임신, 분만 없이, 그녀가 자신의 육체 본연의 모습에 죽음을 초래하는 침범이라고 생각하는 것에 자신의 진짜(이지만 모르는 사이에 임신하고 분만한) 딸을 희생시킴으로써 어머니가 된다.

클론은 자신과 자신의 (딸의) 아이의 혈족 의식에 아주 둔감하지는 않다. 자신이 그것을 확실한 애정을 갖고 다룰 수 있음을 발견하고, 그것을 두고 가기를 꺼리며, 그리하여 그것이 자신에게 가정하는 모성애를 무조건 거부하지 못한다. 그러나 영화가 사건의 클라이맥스에 달하는 과정('베티'호가 에이리언이 창궐한 '오리가'로부터 지구의 대기권을 뚫고 질주해 사라지는)은 마찬가지로 그녀가 그것을 무조건 수용하지도 못함을 보여 준다.

이것은 부분적으로는 '베티' 호에 승선한 인간들에 대한 클론의 마지못한, 그러나 진정한 관심에서 유발된 것이고 부분적으로는 아마도 친딸의 가공할 종말에서 자신의 (손녀)딸의 역할에 대한 복수심에 불타는 비탄에서 나온 것이다. 그러나 아주 근본적으로 그것은 이 아이의 존재는 순전히 그의 몸의 생식력을 표명하고 그 형태와 성질은 그것의 혼혈——그것이 인간과 에이리언의 성질을 동등히 분배 받은 것——을 표명한다는 사실에서 나온다. 그러므로 클론이 아이를 자신의 아이로 인식하는 것은 자신의 생식력과 혼혈성, 자신이 인간 사후의 존재 양상이라는 것과 에이리언의 번식과 변종을 향한 피할 수 없는 본능적 욕구에 대한 인식을 수반한다. 그리고 리플리의 클론은 그녀의 원형의 죽음에 대한 기억에 접근함에도 불구하고 그런 인식을 하게 하는 것을 그녀 안에 갖고 있지 않다.

따라서 그녀는 인정을 바라는 아이의 탄원을 거부할 뿐만 아니라 그 원천을, 따라서 그것이 반복될 가능성을 파괴할 수밖에 없는 자신을 발견한다. '베티' 호의 화물칸에서 아이의 공포와 좌절을 진정시키며, 그녀는 자신의 산성 혈액을 이용해 창문 하나에 작은 구멍을 만들고, 괴물 같은 아이는 점차 그리로 빨려 들어가며, 아이의 탄원조의 울부짖음은 그 몸의 마지막 입자가 우주 속으로 빨려 들어가며 점차 잠잠해진다. 이 클라이맥스는 그 시리즈의 낯익은 비유적 용법을 활용한 것이다. 제1, 2편은 우주선의 기밀식 출입구를 통해서 에이리언을 우주로 방출하는 것으로, 제3편은 여왕 에이리언을 우주 그 자체로부터 방출하는 것으로 클라이맥스에 이른다. 《에이리언 4》에서 에이리언 자식의 최후는 에이리언의 탄생, 따라서 탄생 그 자체의 기괴한 패러디 또는 전도이다. 인정하지 않는 그 어머니의 몸통의 구멍에서 최근 등장하여 그것이 좁은 구멍을 통해 죽을 수밖에 없음으로써, 그것의 이상적인 모체인 과학 기술이 만든 갑옷으로부터 죽음을 가져오는 추방을 당함으로써 역으로 재현된다. (따라서 부정 또는 거부된다.) 리플리의 클론은 번민과 양심의 가책으로 아이의 죽음을 지켜본다. 하지만 자기 혈육의 이 무서운 파멸은 그녀 자신이 가져온 것이며, 그녀는 그 일을 하기 위해 자신의 피를 이용한다——마치 바로 자신의 유기적 존재의 재료로 에이리언의 생식력을 보여 주는 생존한 유일한 증거를 부정하려는 듯이.

이렇게 리플리의 클론이 지구에서의 새로운 삶의 문지방에 서 있을 때——한 낯선 사람이 그녀의 원형이 자신의 에이리언 친족으로부터 구해내려고 간절히 바랐던 낯선 땅으로 이제 막 들어서려는 때——그녀의 자그마한 동료는 괴물 같은 유아가 아니라 인간에게서 육체적인 것보다 정신적인 것을 상속받은, 곧 생산성 부재를 구현하는 패러다임(자손을 낳지 못하는 기계의 자식)인 천진한 로봇인 콜이다. 이 마지막 결합이 영화의 주인공이 자기 자신의 화신에 대한 그녀 원형의 심적 불안을 극복했음을 딱히 암시하는 것은 아니다. 그것은 오히려 주네가 굴절시킨 에이리언의 세계는 단지 그 근본 주제의 좌표를 바꾸어 놓았을 뿐임을 확인한다——그것은 불안을 초월하지 않았다.

그러나 물론 그 결합은 좀더 재귀적인 또 하나의 의미를 갖는다. '에이리언' 시리즈를 만든 지 거의 20년이 지났고, 또 리플리와 에이리언의 긴밀한 상위성에 그 통일된 초점이 깊어지고 분명해짐에 따라 시고니 위버에 대한 의존도 깊어지고 분명해져 왔기 때문이다. 그러나 20년은 여자 배우의 수명으로는 긴 시간이다. 위버의 경우 40대를 훌쩍 뛰어넘게 하는 시간이다——많은 여자 배우들이 (연기의 숙달과는 상관없이) 비중 있는 역을 얻기가, 따라서 관객과 경력을 유지하기가 점점 더 어려워지게 되는 때이다. 《에이리언 4》에서 위노나 라이더를 콜 역으로 캐스팅한 것은 '에이리언' 독점 판매권에 새로운 여자 배우를 접목하고, 그것으로 영화 관객들이 시고니 위버의 계속되는 매력에 의존하는 것을 끊으려는 시도로 보기 쉽다. 그리고 '1-7' 호실의 장면에서 심적 교란의 와중에 위버 자신의 배우로서의 지위에 대한 불안——그녀의 엄격한 얼굴과 영화 카메라와 이 시리즈에서 그녀의 다른 한 쪽인 괴물과의 운종은 상호 작용뿐만 아니라 나이를 먹음으로 인한 불가피한 신체적 변모에도 불구하고 계속되는 행운에 의존하는 일——역시 얼마간 보기 어렵지 않다.

그러나 《에이리언 4》의 주요한 진실은 확실히 두 종류의 불안 모두 근거 없다는 것이다. 시고니 위버의 연기는 경륜과 지성, 신체적 유동성에 있어 경탄을 자아낸다. 그녀가 미묘하게 체현하는 유전적 혼혈, 냉소적인 젊은이의 재치 있는 경구로부터 심적 고투어린 번민하는 어조로의 난폭한 변화를 조화시키는 그녀의 능력, 그리고 더할나위없이 카리스마 넘치는 신체적 풍모가 때로는 관객을 장악하는 힘을 잃을 위험에 있는 영화를 결합시키며, 그녀가 능력의 절정에 있음을 분명히 한다. 만약에 그 시리즈가 주네가 그의 후임자에게 열어 놓은 지구를 배경으로 계속되는 것이 허락된다면, 그것은 오직 시고니 위버가 다시 한 번 더 자신을 (그녀의 신체적 풍모를 지닌 클론이나 복제라고 말할 수 있을지도 모를) 카메라의 변화무쌍함에, 그리고 그 삶이 (그리고 사후의 삶이) 지금 그녀 자신의 영화 속의 신원과 난마처럼 엉켜 있는 등장 인물의 영고성쇠에 자신을 내맡길 준비가 되어야만 그렇게 될 것이다.

색 인

이영주
이화여자대학교 영문과 및 동대학원 졸업
역서:《서양 철학사》《포켓의 형태》
《인터넷 철학》

문예신서
254

영화에 대하여

초판발행 : 2003년 12월 20일

지은이 : 스티븐 멀할
옮긴이 : 이영주
총편집 : 韓仁淑
펴낸곳 : 東文選

제10-64호, 78. 12. 16 등록
110-300 서울 종로구 관훈동 74
전화 : 737-2795

편집설계 : 朴 月

ISBN 89-8038-466-1 94680
ISBN 89-8038-000-3 (세트)

東文選 文藝新書 165

영화서술학

앙드레 고드로/프랑수아 조스트
송지연 옮김

　유성 영화와 무성 영화에는 어떤 유사성이 있을까? 탐정 영화와 코미디 영화 사이에, 카르네와 고다르 사이에는 어떤 유사성이 있을까? 유사성은 아무것도 없다. 각자가 나름의 방식으로 '서술'하고자 한다는 사실 외에는.

　본서는 다음과 같은 본질적인 질문들에 대해 답하는 것을 목표로 한다.

　── 구두 서술 행위나 문자 서술 행위에서 시청각적 서술 행위로의 이동은 어떻게 이루어지는가? 어떻게 언어적으로 서술하는 행위로부터 보여 주면서 서술하는 행위로 이행되는가?

　── 서술의 영상화란 무엇인가?

　── 누가 영화를 서술하는가?

　── 서술 영화에서 영상과 음향의 위상은 무엇인가? 객관적 예시인가? 누가 영화의 영상을 보는가?

　영화의 다양성을 분석하기 위해서는, 모든 '영화 서술'에 공통적인 것을 이해해야 한다. 이 책은 서술학의 핵심 개념, 특히 서술자·시간·시점의 개념을 방법적으로 소개함으로써 영화 서술의 공통점을 밝히고 있다. 서술에 대한 연구로 유명한 두 공저자는 서로 다른 시대·장르·작가에서 선택한 수많은 예를 인용하면서, 최근의 이론적 성과를 구체적으로 적용하고 있다.

　프랑수아 조스트는 소르본누벨대학교 커뮤니케이션학과 과장이며, 앙드레 고드로는 몬트리올대학교 예술사학과 교수로서 영화연구분과를 책임지고 있다.

東文選 文藝新書 182

이미지의 힘
— 영상과 섹슈얼리티

아네트 쿤 / 이형식 옮김

　이 책은 포르노그라피의 미학과 전략, 그리고 그것을 소비하는 관람자의 욕망과 심리분석에서 탁월한 통찰력을 보여 준다. 남모르게 찍힌 듯이 제시된 사진이 어떻게 관음증적인 욕망을 부추기는지, 초대하는 시선이 어떻게 죄책감을 상쇄하는지, 하드코어에서는 왜 육체가 파편화될 수밖에 없는지의 문제는 요즘처럼 인터넷에서 포르노사이트가 범람하고, 거의 모든 광고에서 포르노그라피의 전략들이 채택되고 있는 오늘날의 이미지를 분석적인 시선으로 이해하는 데 많은 도움을 줄 것이다.

　이 도발적인 글 모음에서 아네트 쿤은 다양한 영화와 스틸 사진을 분석하고 있다. 쿤은 문화적으로 지배적인 이미지와 그것의 작용 방식에 대해 탐색하며 의견을 개진한다. 기호학과 마르크스주의-페미니스트 분석, 문화 연구와 역사적 방법을 아우르면서 쿤은 시각적 재현과 섹슈얼리티, 성적인 차이, 여성성과 남성성이 어떻게 구축되는가, 도덕성과 재현 가능성의 개념이 어떻게 실제 이미지를 통해 생산되는가를 둘러싼 문제를 연구한다.

　삽화가 들어 있는 이 책에는 여자의 '글레머' 사진과 '다큐멘터리' 사진, 포르노그라피, 할리우드 영화의 하나의 주제로서 복장전도에 관한 글들이 포함되어 있다. 이 책은 또한 검열과 하워드 혹스의 〈빅 슬립〉을 논의하고, 무성 영화 시대에 성행했던 장르——'건강 선전 영화' ——에서 도덕성과 섹슈얼리티 구축 문제를 다루고 있다.

　아네트 쿤은 영화 이론, 영화사, 그리고 페미니즘과 재현에 대한 글을 널리 발표했다. 그녀는 현재 글래스고대학교에서 영화와 텔레비전을 강의하고 있으며, 《스크린》지의 편집자이다.

東文選 文藝新書 188

하드 바디
— 레이건시대 할리우드 영화에 나타난 남성성

수잔 제퍼드
이형식 옮김

《하드 바디》는 어떻게 해서 강인한 몸을 가진 남성 주인공들이 화면을 채우게 되었는가를 통찰력 있게 보여 주는 저서이다. 람보, 터미네이터, 존 매클레인, 로보캅과 같은 하드 바디 남성들은 미국을 공격하는 국내와 국외의 적들에게 미국의 강인함을 몸으로 보여 준다. 하드 바디는 레이건 정부가 악마로 규정했던 소련을 비롯하여 외국 테러리스트와 외국 경제력의 위협으로부터 미국을 지켜내며, 국내적으로는 마약 사범과 동성애자 등 미국의 전통적인 가치를 위협하는 소프트 바디를 처단한다.

'문화제국주의'의 첨병 역할을 하는 영화는 가장 민감하게 시대의 정신을 반영하는 매체 중 하나이다. 어느 특정 시대에 어떠한 영화 장르가 인기를 끄는 것은, 그 장르가 그 시대 사람들의 집단적인 욕망을 충족시키고 그들의 열망을 효과적으로 반영하기 때문이다. 한때 가장 미국적인 영화 장르였던 서부 영화의 흥망성쇠를 추적해 보면 이것을 잘 알 수 있다.

1980년대는 많은 면에서 1950년대와 유사점을 공유하고 있다. 아이젠하워가 통치한 8년간의 극우 보수적 분위기, 냉전 체제의 고착과 매카시즘, 그리고 한편으로는 경제적인 안정과 베이비 붐 세대의 부상, 핵가족에 근거한 전통적인 미국적인 가치의 찬양 등의 1950년대의 현상은 1981년에 취임한 레이건이 돌아가고자 했던 사회였다. 민권 운동, 페미니즘, 청년들의 반문화 운동, 베트남 전쟁 등이 전통적 백인 남성 위주의 사회 질서에 도전을 가하기 전의 평온하고 목가적인 소도시 미국 사회로 돌아가기를 원했던 것이다. 이러한 열망은 1980년대에 등장한 1950년대를 다룬 영화들로 표현되었다. 레이건은 베트남 전쟁의 패배로 만신창이가 된 미국의 자존심 또한 다시 일으켜 세우고 싶었고, 판타지 속에서나마 승리를 거두고 싶었던 열망은 《람보》를 비롯한 자위적인 영화로 표현되었다. 이들 영화의 성공은 승리하는 미국의 이미지에 미국 국민들이 얼마나 굶주려 있었는지, 이것을 80년대의 영화들이 어떻게 충족시켜 주었는지 보여 준다. 아이젠하워처럼 레이건도 두 번의 임기 동안 재임했고, 그 자리를 아들 격인 부시에게 넘겨 주었다.

東文選 文藝新書 186

각색, 연극에서 영화로

앙드레 엘보 / 이선형 옮김

　본 저서는 공중된 사실을 출발점으로 삼고 있다. 관객은 어두운 객석에서 무대를 바라보며 낯선 망설임과 대면한다. 무대막과 스크린은 만남과 동시에 분열을 이끌어 낸다. 무대 이미지와 영화 영상은 분명 동일한 딜레마를 제시하지는 않는다. (나쁜) 장르 혹은 (정말 악의적인) 텍스트의 존재를 믿는다면, 물음의 성질은 달라질 것이다. 공연의 방법들은 포착·기호 체계·전환·전이·변신이라는 이름의 몸짓으로 말하고, 조우하고, 돌진하고, 위장한다.

　과연 이러한 관계의 과정을 통해 각색에 대한 총칭적인 컨셉트를 정의내릴 수 있을까? 각색의 대상들·도구들·모순들·기능들, 그리고 그 메커니즘은 무엇이란 말인가?

　기호학적 영감을 받은 방법적인 수단은 문제를 명확하게 표명한다. 이 수단은 실제적인 글읽기를 통해 로런스 올리비에와 파트리스 셰로의 《햄릿》, 베케트가 동의하여 필름에 담은 《고도를 기다리며》, 그 외의 여러 작품에 대한 실제적인 글읽기에서 잘 드러난다.

　기호학자인 앙드레 엘보는 현재 브뤼셀 자유대학교 인문대학 교수로 재직중이다. 그는 연극 기호학 센터 소장을 역임하고, 여러 국제공연기호학회에서 활발하게 활동하고 있다. 그의 저서 《공연 기호학》·《말과 몸짓》 등은 기호학적 방법론을 바탕으로 한 공연 예술에 관한 연구이다. 그런데 엘보의 연구가 후반으로 들어서면서 오페라 및 퍼포먼스와 같은 전체 공연 예술로 그 지평을 넓혀 가고 있음은 매우 흥미로운 일이다. 공연 예술 전반에 대한 기호학적인 연구를 통해 궁극적으로 영상 예술과의 조우를 꾀하고 있기 때문이다. 본 저서 《각색, 연극에서 영화로》는 바로 이러한 전환점을 잘 보여 주는 하나의 결과물이라고 하겠다.

東文選 文藝新書 189

영화의 환상성

장 루이 뢰트라 / 김경온 · 오일환 옮김

영화는 발생 초기부터 환상성이라는 테마를 집요하게 다루어 왔다. 단지 환상성의 개념이 생각만큼 일관되고 통합된 모습을 드러내지 않았을 뿐이었다. 영화적 기계 장치는 실재 현실과 그 모사들을 재료로 취해 유희했다. 실재 현실과 그 모사의 결합을 그리는 일은 흥미롭지만 무모한 시도였다.

그러나 제7의 예술 영화는 이 모호한 영역에 접근할 때에만 진정한 정체성을 소유할 수 있다. 이 좁은 변방 지역에는 모순된 내면을 가진 피조물들이 가득 차 있다. 유령들, 캣우먼들, 괴물로 변신하고 있는 박사들이 그들이다. 이 책은 영화의 환상성을 구현한 영화 작품들을 나선의 움직임 속에서 포착한다. 《안달루시아의 개》와 《지난해 마리앵바드에서》가 이 책의 출발과 결말, 두 극점에 각각 자리잡고 있는 가운데 그동안 파묻혔던 판타스틱 공포영화들을 소생시키는 소용돌이의 흐름이 두 극점 사이에서 일어난다. 그래서 인생과 영화의 판타스틱 코드를 통찰한 제작자 발 루턴의 감독들인 자크 투르뇌르 · 로버트 와이즈 · 마크 로브슨의 작품들이 되살아나고, 그리고 마리오 바바의 작품들, 잭 클레이턴의 《순수한 자들》, 무르나우의 《노스페라투》, 카를 테오도르 드라이어의 《흡혈귀》 같은 옛 작품들, 또 《여방문객》 · 《꿀벌통의 정령》 · 《노란 집의 추억》 속의 비밀에 싸인 주인공들이 되살아난다. 결국 이 책은 영화와 시간의 관계, 영화의 멜랑콜릭한 성격, 그리고 영화의 힘에 대해 이야기한다.

장 루이 뢰트라는 프랑스 파리 3대학의 영화사와 영화미학 교수로 영화와 문학의 관계, 파롤과 이미지성의 힘 등에 대한 강좌를 열고 있다. 영화에 관한 많은 논문 · 저서들 외에 소설가 쥘리앵 그라크에 대한 저술서도 발간했다.

東文選 現代新書 85

역사적 관점에서 본 시네마

장 루이 뢰트라 (파리3대학교수)
곽노경 옮김

영화는 한 세기 전부터 존재했다. 그후로 점차 증가한 수많은 관객들이 요금을 지불하고 영화관에서 스크린을 통해 움직이는 영상을 감상했다. 1백 년 전부터 여러 개성 있는 인물들이 시간·열정·재능, 때로는 그 이상을 바쳐 상품이 아닌 작품을 '창조'하거나 '제작'했다. 이런 작품들은 평면에 투영된 광속과 여러 스피커에 의해서만 효과를 발하는 특성을 지녔다. 한 세기 전부터 수많은 영화들이 상영되기도 했지만 반대로 많은 영화들이 상영되지도 못한 채 영원히 사라졌다. 이런 사실로 인해 다음과 같은 질문을 필연적으로 던지게 된다: 어떤 역사를 만들 것인가? 무엇에 대한 이야기를 할까? 제작 시스템에 대해서? 영화관에 대해? 관객의 견해에 대하여? 영화와 사회의 연관성에 대한 것을 할까? 이런 영화에서 추구한 이데올로기에 대한 이야기를 할까? '효율적인 실무'에 대해? 그렇다면 어떤 것을 해야 할까? 편집일까? 조명일까? 시나리오일까? 등등.

이 책은 전형적인 20세기 예술인 영화 역사의 이야기로서 움직임, 빛과 어둠에 대해 기록하고 있다. 이 책은 세기의 정책적 분쟁 속에서 만들어진 영화, 미학적 형태와 영화의 육체라는 세 관점에 따라 이루어졌다. 이 저서가 목표에 가장 가까이 다가가기 위해 제시한 것이 바로 이런 세 가지 접근이다. 그것을 통해서 영화와 그 역사는 변화하며 살아 숨쉬는 재료로 보여지고 있다.